SHINANI'N SIARAD
Eve Ensler

Cyhoeddwyd gan
Llyfrau Melin Bapur,
Llanofer, 2025

Copyright © 1998, 2008, 2018 by Eve Ensler

No part of this book may be used or reproduced in any manner for the purpose of training artificial intelligence technologies or systems. This edition published by arrangement with Villard Books, an imprint of Random House, a division of Penguin Random House LLC

Dyluniad y clawr:
©Adam Pearce, 2025

Hawlfraint y cyfieithiad:
©Melin Bapur, 2025
©Sharon Morgan, 2025

Cedwir pob hawl.

ISBN:
978-1-917237-43-7

Eve Ensler

SHINANI'N SIARAD

(Sef 'The Vagina Monologues')

Addasiad Cymraeg gan
Sharon Morgan

Cymorth i Ferched Cymru
Welsh Women's Aid

Am bob llyfr a werthir, bydd cyfraniad o £1.00 yn cael ei wneud at Gymorth i Ferched Cymru (Rhif Elusen Cofrestredig 1140962).

Rhagair
gan Sharon Morgan

Yn 2006 dywedodd Charles Isherwood yn y New York Times mai *The Vagina Monologues*, a ysgrifennwyd gan Eve Ensler yn 1996, oedd "mwy na thebyg gwaith pwysicaf theatr wleidyddol y ddegawd ddiwethaf," ac yn 2018 eto yn y *New York Times* dwedwyd nad oedd "yr un awr arall o theatr gyfredol wedi cael fwy o effaith ar draws y byd" na'r gwaith yma.

Erbyn 2004, roedd *The Vagina Monologues* wedi esgor ar berfformiadau a theithiau ar hyd a lled y byd, a V-Day, y mudiad gweithredu byd-eang i orffen trais yn erbyn menywod, wedi codi miliynau o bunnoedd at yr achos. Roedd trosi'r gwaith i'r Gymraeg yn teimlo fel cam naturiol yn natblygiad cwmni theatr Rhosys Cochion, cwmni y sefydlais i a Catrin Edwards yn 1997 er mwyn llwyfannu gwaith yn y Gymraeg gan ac am fenywod.

A ninnau wedi ein distewi sawl gwaith drosodd – fel siaradwyr iaith leiafrifol, mewn gwlad drefedigaethol yn ogystal â fel menywod – ro'n i'n teimlo fod llwyfannu'r gwaith yn weithred wleidyddol bwysig trwy osod yr iaith Gymraeg ochr yn ochr a'r degau o ieithoedd oedd eisoes wedi meddiannu neges angerddol y monologau; ei bod yn weithred hanfodol a phwysig ar ran ein hunaniaeth fel cenedl ac yn fodd i godi llais ar ran menywod Cymru.

Roedd hi'n bwysig fod y gynulleidfa'n gallu uniaethu'n llwyr â'r cymeriadau ac felly newidiais leoliadau ac enwau, a chreu tafodiaith ac ieithwedd addas ar gyfer pob stori, gan ganolbwyntio ar drosglwyddo gwirionedd y profiadau. Mae strwythur ymddangosiadol syml y monologau yn gelfydd, a'r defnydd o iaith, barddonol ar brydiau, yr hiwmor, y dyfnder emosiynol dirdynnol a'r naratifau clir, yn creu straeon crwn sy'n ein denu i galon bywydau'r menywod. Cawn ein difyrru ac ein syfrdanu – a'n llorio.

Sharon Morgan (Cynhyrchiad 2024; llun Andy Freeman)

Wedi cwblhau her y trosi daeth her y perfformio. Yn fwy penodol her y dysgu oherwydd ein bod ni wedi penderfynu creu cynhyrchiad llawn, gyda chwta wythnos o ymarfer. Fuodd 'na erioed yn fy ngyrfa achlysur pan ofynnais y cwestiwn 'pam ddiawl y'n ni'n 'neud hyn?' gyda fwy o arddeliad na'r noson agoriadol wrth i fi Delyth Wyn Jones a Maria Pride grynu tu nôl i'r llenni du yng Nghanolfan Gelfyddydol Chapter ym mis Chwefror 2004. Dyma'r amser tyngedfennol i sioe wrth iddi gynnig ei hun i gynulleidfa am y tro cyntaf; amser lledrithiol ar ymyl dibyn gorffwylledd.

Roedd y theatr fach yn llawn a doedd gennym ni ddim syniad pa fath o dderbyniad fydde'n ein disgwyl ni. Er fod 'na llawer iawn o'n ffrindiau a'n cyd actorion yn bresennol, roedd 'na hefyd aelodau o'r cyhoedd na fydde mor fadddeugar nac agored eu meddyliau efallai. A fyddai natur yr ieithwedd a'r digwyddiadau oedd yn gyfarwydd iawn i ni wrth i ni fynd trwy'r cyfnod ymarfer yn trafod y clitoris, orgasmau, trais a genedigaeth, yn siocio? Yn codi ofn a braw?

I'r gwrthwyneb. Roedd yr ymateb yn ysgubol.

Delyth Wyn (Cynhyrchiad 2024; llun Andy Freeman)

Aethon ni ar daith trwy Gymru yn y Gwanwyn, ac erbyn mis Awst ro'n ni'n wynebu cynulleidfa yr Eisteddfod Genedlaethol. Mae'n debyg mai'r perfformiad hwn yn Theatr Fach Y Maes Casnewydd wnaeth fy argyhoeddi fod ein penderfyniad i berfformio'r gwaith yma wedi ei gyfiawnhau. Oes yna le fwy ynghlwm â'r syniad o awdurdod sefydliadol y Gymru Gymraeg? Yn ganolbwynt i'r hyn sy'n dderbyniol a pharchus o ran y syniad gyfredol o Gymreictod? Roedd ciwiau hir ar gyfer mynediad, a llawer wedi methu cael sedd. Mae'n wir fod y synau arferol gyda'r nos ar y Maes, y canu, yn cynnwys Hen

Wlad Fy Nhadau o'r cyngerdd yn y pafiliwn cyfagos a synau traffig o'r M4 yn sainlen gyson yn y cefndir, er oedd sŵn seiren argyfwng ar adeg perthnasol yn ystod Y Gamfflobatsien Fach Oedd Yn Gallu fel petai wedi ei threfnu'n fwriadol. Ar y diwedd oedd derbyn rhosyn coch yr un o law fy merch Saran, oedd yn wyth oed ar y pryd, yn ddiweddglo emosiynol iawn i'r siwrne gychwynnwyd ym Mis Chwefror.

Ugain mlynedd yn ddiweddarach, dyma ail-lwyfannu'r sioe, yng ngofod Cabaret Canolfan y Mileniwm. Ro'n i wedi sylwi bod 'na ddiffyg gwaith yn y Gymraeg, yn enwedig gan fenywod, yn Cabaret, a

Maria Pride (Cynhyrchiad 2024; llun Andy Freeman)

croesawyd y cais gan Branwen Jones, cynhyrchydd yn Y Ganolfan. Cytunwyd i rhannu canran o werthiant y tocynnau, ac am un noson yn unig, gwnaeth Maria a Delyth a finnau, erbyn hyn yn ein pumdegau, chwedegau a saithdegau, ddarllen y gwaith ar stoliau; arddull addas ar gyfer gofod oedd wedi ei deilwrio ar gyfer hynny yn hytrach na pherfformiad llawn gyda set a goleuo a chynllun sain. A doedd dim rhaid inni ddysgu gair. Daeth Sera Moore Williams i daflu ei llygad ddoeth dros y gwaith, a Saran yn is-gyfarwyddydd. Rhannon ni'r arian o'r gwerthiant tocynnau, a llwyddo i wneud cyfraniad i Gymorth i Ferched.

Do'n ni ddim cweit mor nerfus ag oedden ni ugain mlynedd ynghynt, ond eto do'n ni ddim yn siŵr pa mor effeithlon fyddai darlleniad. Ond doedd dim rhaid poeni. Gyrhaeddon ni'r llwyfan i fonllefau o gymeradwyaeth gan gynulleidfa llawn cyffro gor-barod ei hymateb. Profwyd poblogrwydd a pherthnasedd oesol y sioe gan y ffaith fod y gynulleidfa'n cynnwys rhai fwynhaodd y sioe ugain mlynedd ynghynt ynghyd â chyfran o rhai ifainc. Ac felly y bu hefyd pan ail godon ni'r cynhyrchiad ar gyfer Eisteddfod Rhondda Cynon Taf.

*Chwith i'r dde: Sharon Morgan, Delyth Wyn,
Maria Pride (Cynhyrchiad 2024; llun Andy Freeman)*

Faint sy wedi newid?
Dyma'r darn ysgrifennais ar gyfer y rhaglen yn 2004:

"Er fod na ganfyddiad bod pawb wedi'u rhyddhau yn rhywiol erbyn hyn, ma' cymdeithas yn dal i weld rhyw naill ai fel rhywbeth 'brwnt' a 'drwg' sy'n waharddedig bron, neu fel math o ddeunydd y gellid ei brynu a'i werthu... ac mae dylanwad anghydffurfiaeth yn dal yn gryf ar ein *psyche* rhywiol ni fel Cymry Cymraeg. Godidowgrwydd y monologau yma yw eu gonestrwydd a'r gydnabyddiaeth nad yw rhyw'n digwydd mewn gwagle, ei fod yn cynnwys y person cyfan – yn gorff, enaid, ymennydd ac ysbryd.

O'dd eu cyfieithu nhw'n bleser pur. Ma' nhw'n trosglwyddo'n hawdd o'r Americaneg i'r Gymraeg. Heddiw yng Nghymru ma' menywod yn gyfreithwyr corfforaethol, ma' nhw'n defnyddio tampons ac yn cael profion ceg y groth a ma nhw'n mynd i'r gampfa, i'r *delicatessen*, at y therapydd ac i'r gwely gyda dynion neu fenywod ar chwiw. Mae e'n deimlad braf i ymuno â'r unfed ganrif ar hugain a gwybod bo' ni ddim yn perthyn i genedl rhyfedd wyrdröedig!

Fel y dywed Gloria Steinem yn ei chyflwyniad i gyfrol Eve Ensler 'Er mwyn parhad yr hil, mae'n rhaid i fenywod fod yn ddiogel ac yn hyderus o'u pŵer. Mae'n ddamcaniaeth amlwg, ond fel y shinani mae angen llawer o ofal a chariad arni er mwyn ei datguddio."

Ugain mlynedd yn ddiweddarach, mae'r monologau yn dal ei tir yn artistig o ran adloniant ag ystyr, a pherthnasedd o ran ein bywydau fel menywod. Os rhywbeth, maen nhw'n bwysicach nag erioed wrth i newidiadau gwleidyddol a diwylliannol, ynghyd a dyfodiad y cyfryngau cymdeithasol greu byd sy'n llawer creulonach a pheryclach na byd 2004. Saif hanes llofruddiaeth Sarah Everard a Sabina Nessa, gwyrdroad Roe v Wade yn yr Unol Daleithiau, a sefyllfa echrydus menywod Afghanistan, yn dyst i ddylanwad dinistriol patriarchaeth eithafol.

Yn ystod y flwyddyn 2022-23 reportiwyd 32,315 digwyddiad o drais yn y cartref yn erbyn menywod a merched yn Ne Cymru yn unig.

Fel y dywed Eve Ensler yn y gyfrol ddiweddaraf o'r monologau, 'Mae patriarchaeth yn feirws gylchol. Mae'n byw ynghwsg yn y genedl wleidyddol ac yn cael ei ddeffro gan amgylchiadau rheibus gwenwynig... Ein gwaith ni nes y darganfyddir iachâd yw creu amgylchiadau tra-wrthwynebol sy'n adeiladu ein imiwnedd a'n dewrder... Mae'n dechrau ble mae *The Vagina Monologues* a cymaint o weithredoedd eraill o wrthwynebiad ffeministaidd radical yn dechrau: trwy godi llais. Trwy roi llais i'r hyn y gwelwn ni. Trwy wrthod cael ein tawelu.'

Dyna pam mae cyhoeddi'r gyfrol hon mor bwysig.

Diolch i Catrin Edwards, Delyth Wyn Jones Maria Pride, Sera Moore-Williams a Saran Morgan.

A diolch i Llyfrau Melin Bapur am fod mor barod i ymgymryd a'r gwaith.

Bydd canran o werthiant y gyfrol hon yn mynd at Cymorth i Ferched Cymru.

Sharon Morgan
2025

Atgofion y Cynhyrchydd

Os y'ch chi'n gyfarwydd â gwaith ysgrifenedig Sharon Morgan o gwbl, fe fyddwch chi'n ymwybodol o'i 'chredensials' doniol. Byddwch chi'n gwybod bod y swreal a'r absŵrd wedi cael rhwydd hynt i ymgartrefi ac ymledu yn Nhŷ'r Ysgol Llandyfaelog, yn awyrgylch 60au'r brifddinas a strydoedd bohemaidd Bangor y 70au, drwy gydol ei magwraeth, ei haddysg, ei hyfforddiant dramatig a'i phrifiant fel actor ac awdur. Mae'r hiwmor yn *Shinani'n Siarad* yn absŵrd gartrefol Gymreig; yn llechu'n jocôs dan ford y gegin, tu ôl i'r sinc, lawr ochr y gadair esmwyth a chefn y soffa. Mae'r gwaith yn un afieithus gyfoethog gan awdur sy'n hanu o dir ffrwythlon cefn gwlad Cymru ac sy'n deall ei phobl a'i chynulleidfa.

Ers i mi ddarllen *Shinani'n Siarad* am y tro cyntaf, dwi braidd wedi meddwl am y sgript fel cyfieithiad. Ar yr un llaw mae'r *Vagina Monologues* gwreiddiol yn diferu o awyrgylch estron a chyfarwydd strydoedd America ddinesig. Ar y llaw arall mae *Shinani'n Siarad* yn gampwaith unigryw hollol Gymreig, agos-atoch rywsut; mae iaith goeth dafodieithol y darn yn sawru o'r ffridd a'r clawdd ac wedi nythu'n hollol gyfforddus yn nyffrynnoedd a bryniau meddal fenywaidd y gorllewin. Mae e'n Sharon Morgan drwyddi draw – ei chrefft, ei hangerdd a'i hiwmor – a'r salfo agoriadol, ffrwyth ei hymchwil dafodieithol ddi-fai, yn taro'r targed yn ei ganol a chludo'r gynulleidfa ar ei phen, reit at galon y sioe, ar swnami chwareus o chwerthin nerfus.

"Camp fawr Sharon Morgan yw ei bod hi nid yn unig wedi dod o hyd i'r eirfa, ond wedi bathu geirfa sydd am y tro cyntaf erioed yn ein galluogi i drafod pynciau a theimladau na thrafodwyd o'r blaen yn y Gymraeg, gan

Shinani'n Siarad

wneud hynny gyda hiwmor, dwysder a naturioldeb sy'n rhyfeddu."
—Branwen Cennard 2004

    Yn dilyn ein partneriaeth lwyddiannus ar gynhyrchiad Ede Hud, cefais wahoddiad gan Sharon i ddod ati unwaith eto, i gyfarwyddo *Shinani'n Siarad* ar gyfer cwmni Rhosys Cochion. Agorodd sioe lwyfan wreiddiol *The Vagina Monologues* yn Efrog Newydd ar ddiwedd y ganrif ddiwethaf, gyda'r anhygoel Whoopi Goldberg yn serennu, ac erbyn dechrau'r mileniwm roedd niferoedd lawer o fenywod enwog a 'selebs' yn troedio llwyfannau'r blaned mewn nifer fawr o gynyrchiadau gwahanol. Mae hynny yn ei hun yn destament i boblogrwydd dros ben llestri'r monologau ac athrylith Eve Ensler, wnaeth greu sioe oedd ac sydd mor berthnasol i fenywod ledled y byd. Felly erbyn 2003 a'n haddasiad arfaethedig ninnau o'r monologau yn ddim mwy na smotyn ar y gorwel, roedd mwy nag un fersiwn o'r *Vagina Monologues* yn crwydro'r Deyrnas Gyfunol ac wedi mynd yn dipyn o ffefryn gyda menywod oedd yn dathlu eu dyddiau olaf o ryddid cyn priodi. Pan gyrhaeddodd y sioe yn y Theatr Newydd Caerdydd, es i draw i weld y cynhyrchiad.
    Roedd y cast o ddwy actor a chyflwynydd teledu yn gwisgo du, yn eistedd ar stolau du, o flaen set ddu a V mawr *diamante* ar ganol y llwyfan ac yn darllen eu sgriptiau o ffolders mawr du. *Minimalist* i'r eithaf; ac roedd e'n reit amlwg bod yr ymarfer wedi bod yn eithaf *minimalist* hefyd, a phrin mwy na darlleniad. Er mor hanfodol oedd geiriau'r menywod gyfrannodd yn wreiddiol at y *Vagina Monologues*, roeddwn i'n teimlo bod rhywbeth enfawr yn diflannu rhwng y geiriau ar y dudalen a'r gynulleidfa. Gyda sgript oedd mor gignoeth,

caled a theimladwy mewn nifer o fannau a gwaith sydd mor berthnasol i ninnau fel menywod, roedd y cyfle i drin a thrafod y syniadau a'r cymeriadau yn y sgript yn hollbwysig. Heb hynny, a heb yr amser a'r gallu i ddatblygu'r dyfnder a'r haenau yn y gwaith, dim rhyfedd bod y cynhyrchiad weles i yn y Theatr Newydd yn teimlo'n un eithaf arwynebol. Ar y llaw arall fe atgyfnerthodd fy nghred y byddai actorion da oedd wedi cael cyfle i archwilio ac amlyncu'r sgript, yn gallu cyfleu llawer mwy o'r dyfnder yn y darn ac yn sgil hynny mwy o foddhad i'r gynulleidfa.

Ar ôl trafod gyda Sharon, penderfynwyd y byddai'r cast yn dysgu a chymeriadu'r holl rannau. Castiwyd tair actor o oedrannau gwahanol er mwyn cael ystod eang ar gyfer y cymeriadau. Roedd Maria Pride yn ei 30au, Delyth Wyn yn ei 40au a Sharon ei hun dros ei hanner cant ar y pryd. Ond mae un peth yn gyffredin i'r tair; ma' nhw'n actorion diwyd a safonol o'r radd flaenaf, sy'n fodlon gweithio'n galed ac ymroi eu holl egni ymenyddol ac emosiynol mewn cyfnod ymarfer yn ogystal ag o flaen cynulleidfa.

Roedd gan y tair nifer o gymeriadau gwahanol i'w portreadu, felly cadwyd at wisg sylfaen ddu gyda'r cyfle i adeiladu ar y wisg. Daeth Meri Wells, y seramegydd, artist a chynllunydd setiau atom i greu set heriol a hwyliog, hawdd i'w thrafaelio. Seiliwyd y set ar gynllun ystafell Mae West yn Teatre-Museu Dalí – theatramgueddfa Salvador Dalí yn Figueres, Catalwnia. Hynny yw, Mae West yw'r ystafell! Gosodwyd soffa goch yng nghanol y llwyfan, yn debyg i geg a gwefusau, dau gynfas a darlun dwy lygad wedi paentio arnynt yn hongian lawr ar gefn y llwyfan a thresi euraid ei gwallt fel llen bob ochr i'r blaen llwyfan yn creu bwa prosceniwm trawiadol oedd yn pefrio golau a lliw o

Shinani'n Siarad

gwmpas y llwyfan.

Roedd yr ymarferion yn ddwys ac yn ingol, ac yn anffodus yn gorfod digwydd mewn wythnos! Roedd yr actorion yn gadael yr ystafell ymarfer ar ddiwedd y dydd wedi ymlâdd, ddim ond i weithio mwy adre gyda'r nos, er mwyn dysgu sgript hir, emosiynol a chymhleth wrth gwrs, ac i weithio ar bethau dramatig heblaw am y sgript. Yng nghyd-destun hyn, cafodd Steffan fab Sharon fraw un noson wrth fynd â'r ci am dro liw nos. Wrth nesáu at adre clywodd anadlu trwm a sgrechian gorffwyll annaerol yn dod o'r ystafell wely... Rhuthrodd i'r tŷ gan feddwl bod dihiryn yn ymosod ar ei fam.. Ond ffiw, diolch byth... roedd Sharon yn iawn... dim ond yn ymarfer sut i bortreadu orgasm ar y llwyfan, yn synol hynny yw, a'r sain yn cario'n bell ar awel ddethol gain Pontcanna... yng nghlyw'r holl gymdogion.

Cawson gefnogaeth James Tyson, rhaglennydd theatr Chapter ar y pryd a dyn wnaeth gymaint i hybu theatr annibynnol yng Nghymru, diolch iddo; darparwyd ystafell ymarfer gan y ganolfan, gwahoddiad i gynnal yr ymarferion technegol ac agor y sioe yn theatr Chapter, a chrëwyd chynllun goleuo gan Dan Young, technegydd y theatr. Daeth Lisa Skelding atom fel rheolydd llwyfan a dyluniwyd y poster trawiadol o gegau'r actorion gan y dylunydd graffeg a hen gyfaill cwmni Rhosys Cochion, Andy Dark.

Am ryw reswm, wn i ddim pam, roedd rhywun, wn i ddim pwy, wedi penderfynu byddai'r sioe yn agor yn y theatr yn Chapter ar ddydd Gwener Chwefror 13eg...! Roedd y nerfau cyn y noson gyntaf yn frau ac yn rhinclyd, neb yn siarad â'i gilydd a phob un ohonom yn ofni trychineb, dinistr ac y byddem yn cael ein taflu'n ddidrugaredd i bydew'r llewod cynulleidfaol ac adolygiadol, gyda nifer o wyau ar ein hwynebau a thunnell o hen domatos pwdwr am ein pennau, wrth i ni ddianc yn wylofain, dan redeg, o gysgod y theatr!

Ond nid felly y bu o gwbl... wrth i'r gerddoriaeth agoriadol dewi, ac wrth i'r actorion ddechrau siarad, dechreuodd y chwerthin... a pharhaodd ton ar ôl ton o chwerthin... Cawsom noson agoriadol orfoleddus, gyda'r gynulleidfa orau yn y byd, oedd yn gwrando rhwng y chwerthin, yn ymdeimlo ac yn deall pob emosiwn a phob gair.

"Gallaf ddychmygu pobol yn gadael perfformiad o Shinani'n Siarad o'u coua ond fydd neb yn teimlo fel rhoi ei ben mewn ffwrn nwy. Yn hytrach na sugno'r gynulleidfa i gors anobaith, mae'r cynhyrchiad echblyg, egnïol hwn yn ymosod arni… Ferched Cymru! Ewch â'ch gwyr a'ch cariadon i weld y sioe hon! Un ai fe wellith eich priodas neu'ch perthynas neu fe ddaw i ben ac nid cyn pryd."
—Gareth Miles 2004

Diolch i'r adolygwyr synhwyrus, yr hyrwyddwyr lleol gweithgar, y cynulleidfaoedd bendigedig ac i bawb a gyfrannodd at lwyddiant anhygoel *Shinani'n Siarad*.

Catrin Edwards
Chwefror 13eg 2025

Y Cynhyrchiad Cymraeg

Perfformiwyd *Shinani'n Siarad* am y tro cyntaf yng Nghanolfan Gelfyddydol Chapter Caerdydd ar Chwefror 13eg 2004, cyn mynd â'r cynhyrchiad ar daith o amgylch Cymru.

Y cast oedd:

Menyw 1: Sharon Morgan
Menyw 2: Delyth Wyn Jones
Menyw 3: Maria Pride

Chwith i'r dde: Delyth Wyn, Maria Pride, Sharon Morgan
(Cynhyrchiad 2004; llun Leighton Thomas Burnett)

Cyfarwyddo: Catrin Edwards
Cynllunydd Set: Meri Wells
Cynllunydd Gwisgoedd: Jilly Thornley
Cynllunydd Goleuo: Dan Young
Cyhoeddusrwydd: Sioned Huws

*Chwith i'r dde: Maria Pride, Delyth Wyn, Sharon Morgan
(Cynhyrchiad 2004; llun Leighton Thomas Burnett)*

Bu perfformiad pellach yn Cabaret yng Nghanolfan y Mileniwm, Caerdydd, ar Fai 31 2024 gyda'r un cast:

Cyfarwyddo: Sera Moore Williams
Is-gyfarwyddo: Saran Morgan
Cynhyrchu: Branwen Jones, Frankie Rose Taylor
Sain a Goleuo: Bashema Hall

"Amhosib crisialu'r profiad o fod yn rhan o gynhyrchiad gwreiddiol Shinani'n Siarad. Cyn lleied o amser i ddysgu ac ymarfer, a dim un ohonom yn gwbod sut ymateb i ddisgwyl. 'Dychrynllyd' yw'r unig air i ddisgrifio 'nheimladau y munudau cyn y perfformiad cynta', ond gydag addasiad gwych, cyfarwyddyd celfydd, cerddoriaeth grymus a chyd-actorion gorau Cymru, dyma un o'r profiadau gorau i fi erioed.

Ugain mlynedd yn ddiweddarach, a dyma ail-gydio. Profiad a chyflwyniad gwahanol iawn, ond yr un mor gynhyrfus, ac unwaith eto, ymateb positif a chefnogol.

Diolchaf am y cyfle i fod yn rhan, yn fy marn i, o waith pwysicaf i ferched yn y Gymraeg.

O ie, a chael y cyfle i 'ail-berchnogi'r' gair cont, ddwywaith, ar faes yr Eisteddfod Genedlaethol! Wel. 'Nyff sed."

—Delyth Wyn Jones

"Newidiodd Shinani'n Siarad 2004 fy mywyd i. Am gyfle anhygoel i fod yn rhan o gynhyrchiad mor arloesol. Ac i roi'r perfformiad cyntaf un o flaen cynulleidfa Chapter Caerdydd gyda phrin 5 diwrnod o baratoi!

Am fraint wedyn i ail-ymweld â'r gwaith hynod bwerus yma yn 2024—a minnau nawr yn fam i ferch fach. Mae'r cynnwys mor feiddgar ag erioed.

Nid trosiad nac addasiad mo'r gwaith yma. Mae'n ddarn o gelfyddyd unigryw, prydferth a phoenus Cymreig. Rwy'n ymfalchïo bo' pawb yn cael y cyfle o'r diwedd i ddarllen gwaith ardderchog Sharon.

Shinanod mewn undod!"

—Maria Pride

"Fydda'i byth yn medru cael rhyw eto heb chwerthin!"

—Carys, Bangor

"Adloniant pur. Ddysges i lot..."

—Dafydd Hywel, Caerfyrddin

"Chi 'di hitio'r *jackpot* ferched! 'Wy'n mynd adre i gael wanc!"

—Eiry Palfrey, Caerdydd

"Diolch am shwt SBORT!... Roedd pawb wedi joio mas draw—hyd yn oed yn yr egwyl, pan sylwodd ein rhes gyfan ni bod pawb wedi croesi'u coese!"
—Cerys, Aberteifi

"Trosiad gwych…"
—Meic Povey, Caerdydd

"Cyflwyniad anhygoel o addasiad ffantastig…"
—Meleri Mair, Aberystwyth

"Y peth gore i fi'i weld yn y theatr Gymraeg erio'd..."
—Huw Ceredig, Pen-y-bont ar Ogwr

"Chi 'di 'neud strocen ferched!"
—Y Prifardd Dic Jones

Eve Ensler

Shinani'n Siarad

CYFLWYNIAD

Menyw 1   Chi siŵr o fod yn becso

Menyw 2   Y'ni'n becso

Menyw 3   Y'ni'n becso am bethingalws

Menyw 1   Y'ni'n becso am beth y'ni'n meddwl am bethingalws, ac yn becso'n fwy bo' ni ddim yn meddwl amdanyn nhw o gwbwl. Y'ni'n becso am ein bethingalws ein hunain. Ma' ishe cyd-destun bethingalws eraill - cymuned, diwylliant o bethingalws. Ma' cymaint o dywyllwch a dirgelwch o'u cwmpas nhw - fel Triongl Ber-muda. 'Sneb byth yn riporto nôl o fan'na.

Menyw 2   Yn y lle cynta', dyw e ddim mor rwydd i hyd yn oed ffindo'ch bethingalws. Ma' menywod yn treulio wthnose, misoedd ambell waith, blynydde heb edrych. Gath rhyw fenyw fusnes bwerus ei chyfweld yn ddiweddar a 'wedodd hi bod hi'n rhy fishi; o'dd dim amser 'da hi. "Mae edrych ar eich bethingalw," medde hi, "yn ddiwrnod llawn o waith. Chi'n gorfod mynd lawr fan'na ar eich cefn o fla'n y drych, sy'n sefyll lan wrth ei hunan, drych hir os oes modd. Mae rhaid i chi fod yn y safle berffaith gyda'r gole perffaith, a wedyn rhywsut mae'r drych yn towlu'i gysgod, ne' dyw'r ongl ddim yn siwto. Chi'n twisto'ch hunan bob ffordd, codi'ch pen lan, crwmi'ch cefn. Chi 'di blino'n lan erbyn y diwedd." 'Wedodd hi bod dim amser gyda hi am 'ny - o'dd hi'n rhy fishi.

Menyw 3 Felly o'dd 'na gyfweliade, 'na'th dyfu'n fonologe. Cyfwelwyd dros i ddaugant o fenywod. Menywod hŷn, menywod ifanc, menywod priod, menywod sengl, lesbiaid, athrawon coleg, actorion, pobl proffesiynol corfforaethol, gweithwyr rhyw, merched o bob lliw a llun. Iawn. Ar y dechre o'dd menywod yn gyndyn o siarad. O'n nhw tipyn bach yn swil. Ond unwaith ddechreuon nhw, o'dd dim stopo nhw. Yn dawel fach 'ma menywod yn dwli siarad am eu

Menyw 1   bethingalws. Ma' nhw wedi cynhyrfu'n lân, yn benna' achos bod neb wedi gofyn iddyn nhw o'r bla'n. Beth am ddechre da'r gair 'fagina.' Os edrychwch chi yn y geiriadur, *Y Geiriadur Mawr- the Complete Welsh-English English-Welsh Dictionary* argraffwyd gan Christopher Davies a Gwasg Gomer - Argraffiad cyntaf 1958, Pumed argraffiad ar ddeg 1989, o dan y gair 'vagina' y gair meddygol Lladin ma nhw'n defnyddio yn Saesneg - fe welwch chi - dim byd. Dyw e ddim 'na. Mae e i'w gael fodd bynnag yng Ngeiriadur yr Academi argraffwyd

yn 1995 - ac ar lein yng
Ngeiriadur Termau'r Coleg Cymraeg Cenedlaethol - a'r cyfieithiad
- wel, ma' sawl un. Wain yw un.
Wain! Wain! 'Na'r gair ma plant
yn dysgu yn yr ysgol. Wain – pryfed
sy'n sugno gwaed? Y Waun –
pentre glofaol yn Sir Forgannwg?
Waun Fawr? Hirwaun?
Penisarwaun. Ma fagina 'na hefyd.
Mae'n swno fel haint ar y gore, falle
teclyn meddygol.
"Gloi nyrs paswch y fagina fi".
'Fagina.' 'Fagina.' 'Fagina'.

Menyw 1, 2 a 3 *(yn canu)* "Wrth y fagina'n brysur chwythu, Migldi, Magldi, Hei Now Now."

Menyw 1 S'dim ots sawl gwaith chi'n gweud e, dyw e byth yn swno fel gair chi mo'yn gweud. Mae'n air cwbwl hurt, hollol ddiryw. Os y'ch chi'n ei ddefnyddio fe pan y'chi'n ca'l rhyw, yn trial bod yn wleidyddol gywir—
"Cariad alli di fwytho'n wain i...''?
"Cariad alli di fwytho'n fagina i...''?
chi'n lladd y weithred yn y fan a'r lle!

Menyw 2 O'n i'n becso am bethingalws, beth y'ni'n galw nhw a beth y'ni ddim yn galw nhw.

Menyw 3 Yn rhanne o'r gogledd ma' nhw'n gweud Ffliwjen.
'Wedodd menyw fanna bod ei mam yn arfer gweuth hi, "Paid â gwishgo

	nics dan dy byjamas bach, ma' ishe i'r aer fynd at dy ffliwjen di."
Menyw 1	Yn Sir Gaerfyrddin ma nhw'n gweud Ffwrch.
Menyw 2	Ffobat yn Sir Aberteifi.
Menyw 3	Llawes goch, maneg goch, Pegi'r Gilfach, Jibiten.
Menyw 1	Ma' 'na down belo, dydypens, ffani, ffan
Menyw 2	Shobat, shinny, jini-mei.
Menyw 3	Shani flewog, pwsi, ffwffw, twtw.
Menyw 1	Dwda, tsiacalw.
Menyw 2	Cedor, cwtsh.
Menyw 3	Cotsen, Crotshan, Camfflobat.
Menyw 1	Camfflobatshen, Ffwffwmpsen.
Menyw 2	Bwji bo, Pitshi po, Patshin persli.
Menyw 3	Deisi, blodyn, cwningen fach,

tylwythen, mary, pol-ibeis a bwni

binc.

Menyw 1   Ond y'n ni'n caru Shinani.

Menyw 1, 2 a 3 Dyma Shinani'n Siarad.

BLEW

Chi ffili caru shinani os nag ych chi'n caru blew. Ma' 'na bobol sy' ddim yn caru blew. O'dd y ngŵr i – y cynta' a'r dwetha' - yn casáu blew. O'dd e'n gweud bod e'n frwnt a'n anniben. 'Na'th e i fi siafo'n shinani. O'dd e'n edrych yn noeth a wedi 'wyddo. O'dd e'n edrych fel merch fach. O'dd e'n troi fe mla'n.

Pan o'dd e'n caru fi, o'dd yn shinani i'n timlo fel ma' barf siŵr o fod yn teimlo. O'dd rwto fe'n teimlo'n dda - a'n boenus, fel crafu pigad mosgito. O'dd e'n teimlo fel 'sa fe ar dân. O'dd 'na dwmpe coch sgrechlyd.

Gwrthodais i siafo fe eto. Wedyn gath 'y ngŵr i affêr. Pan ethon ni at y therapydd priodasol, 'wedodd e bod e'n cysgu rownd achos bo' fi'n gwrthod i blesio fe'n rhywiol; o'n i'n pallu siafo'n shinani.

O'dd acen Almaeneg gryf da'r therapydd, ac o'dd hi'n ebychu rhwng brawddege i ddangos bod hi'n cydymdeimlo. Gofynnodd hi i fi pam o'n i ddim ishe plesio 'ngŵr. 'Wedais i wrthi bo' fi'n meddwl bod e'n od. O'n i'n teimlo'n fach pan o'dd y blew lawr fan'na wedi mynd ac o'n i'n ffili stopo'n hunan i siarad mewn llais babïaidd, a o'dd y ngro'n i'n teimlo fel 'sa fe ar dân, a o'dd hyd yn oed y *Calamine Lotion* ddim yn helpu. 'Wedodd hi bod priodas yn gyfaddawd.

Gofynnais i iddi hi os bydde siafo'n shinani, yn stopo fe gysgu rownd. Gofynais i iddi hi os o'dd hi wedi cael lot o achosion fel hyn o'r bla'n.

Wedodd hi bod cwestiynne'n glastwreiddio'r broses. O'dd angen i fi neidio mewn. O'dd hi'n siŵr bod e'n ddechre da.

Tro hyn pan gyrhaeddon ni gartre ga'th e siafo'n shinani i. O'dd e fel gwobr, fel bonws therapi. Dorrodd e fi cwpwl o weithie a o'dd tipyn bach o waed yn y bath. 'Na'th e ddim hyd yn oed sylwi, achos o'dd e mor hapus yn siafo fi. Wedyn, nes mla'n, pan o'dd 'y ngŵr i'n gwasgu'n yn erbyn i, o'n i'n gallu teimlo fe'n plannu ei finiogrwydd pigog yndo'i, 'yn shinani noeth i, o'dd wedi 'wyddo. O'dd dim amddiffynfa. O'dd dim fflyff.

'Na pryd sylweddolais i bod y blew 'na am reswm - y blew yw'r ddeilen o gwmpas y blodyn, y lawnt o gwmpas y tŷ. Ma' raid i chi garu blew er mwyn caru'r shinani. y'chi ffili pigo'r pishys chi mo'yn...

A 'ta beth, na'th yng ngŵr i byth stopo cysgu rownd.

Menyw 1	Gofynnwyd i'r menywod i gyd
Menyw 2	'Sa'ch shinani chi'n gwisgo lan, beth bydde'r dewis?
Menyw 3	Sbectol
Menyw 1	Beret, siaced lledr
Menyw 3	Sane sidan, minc
Menyw 1	Boa pinc, DJ
Menyw 3	Jîns
Menyw 1	Rhywbeth tynn
Menyw 3	Emrallt
Menyw 1	Sîcwins
Menyw 2	Dim ond Armani
Menyw 1	Twtw

Dillad isia du tryloyw

Ffrog ddawns taffeta |
| **Menyw 2** | Rhywbeth allwch chi olchi |
| **Menyw 3** | Mwgwd llygaid |

	Pyjamas porffor felfet
	Bow coch
	Perle a ffwr
Menyw 1	Het llewpart
	Kimono sidan
	Tracwisg
	Tatŵ
Menyw 2	Dyfais sioc drydan i wahardd dieithriaid
Menyw 3	Swdle uchel
	Lês a Doc Martins
	Plu porffor a brigau a chregyn cotwn
Menyw 1	Piner
Menyw 2	Bicini
Menyw 3	Sgitshe glaw

Menyw 2   'Sach shinani'n gallu siarad, beth wede hi, dau air?

Menyw 3   Slowa lawr

Menyw 1   Wy'n credu taw hwnna yw anthem ryngwladol y shinani.

Ti sy 'na?

Menyw 2   Bwyda fi

'Dwi ishe

Iym iym

O, ie

Menyw 3   Dechreua 'to

Draw fanna

Menyw 1   Llyfa fi

Arosa gartre

Dewis dewr

Menyw 2   Meddylia 'to

Mwy, plîs

Cofleidia fi

Der i ware

Paid stopo

Mwy, mwy

Cofio fi?

Dere mewn

Dim 'to

Wow! Mama

Ie, ie

Shigla fi

Menyw 1   Dewch mewn a mentrwch

Menyw 2   O! Dduw

Diolch i dduw

Fi 'ma

Bant a ni

Ffinda fi

Menyw 1   Diolch

Bonjour

Rhy galed

Paid rhoi lan

Menyw 2   Lle 'ma Brian?

'Na welliant

Ie, fan'na, fan'na.

Y DILYW

Lawr fan'na? Dydw i ddim wedi bod lawr fan'na ers 1953. Na, do'dd o'm byd i 'neud efo'r Dylan Thomas 'na. Na na, mae 'fath â selar lawr fan'na. Mae'n damp iawn, yn llaith. 'Dach chi'm isio mynd lawr fan'na. Trystiwch fi. Fe fyddech chi'n sâl. Myglyd, cyfoglyd iawn. Arogl y lleithder a'r llwydni a phob dim - whiw! Arogl annioddefol. Treiddio trw'ch dillad chi.

Na, do'dd 'na ddim damwain lawr 'na. Na'th o ddim chwythu fyny na mynd ar dân na dim byd felly. D'odd o ddim mor ddramatig! Di'o ddim o bwys. Fedra'i ddim siarad efo chi am hyn. Pam ma' merch beniog fath â chi'n mynd o gwmpas yn siarad efo hen wragedd am eu bethingalws nhw? Do'n i ddim yn gwneud y math'na o beth pan o'n i'n ferch ifanc. Beth? Os oes rhaid, o'r gora.

O'dd y bachgen 'ma, Ieu Raw Richards. O'dd o'n beth del - wel dyna o'n i'n feddwl. Ac yn dal, fa'th a fi, a mi o'n i'n wironeddol hoff ohono fo. Gofynnodd o i fi fynd allan efo fo yn ei gar.

Fedrai ddim deud hyn wrthoch chi. Fedrai ddim gwneud hyn, siarad am lawr fan'na. 'Da chi jest yn gwybod ei fod o yna. Fath â seler. Ma 'na rwmblan lawr 'na o bryd i'w gilydd, 'da chi'n medru clywed y piba, ac ma 'na betha'n ca'l eu dal yna, anifeiliad bach a phetha, a mae o'n mynd yn wlyb a weithia ma' rhaid i bobl ddod i lenwi'r tylla pan mae o'n gollwng.

Fel arall mae'r drws yn aros ar gau. 'Da chi'n anghofio amdano fo. Be' dwi'n feddwl ydi... mae o'n rhan o'r tŷ ond dach chi ddim yn ei weld o, na meddwl amdano fo. Ond mae'n rhaid iddo fod'na achos ma' angen seler ar bob tŷ. Fel arall fydda'r llofft o dan ddaear.

O. Ieuan... Ieu Raw Richards. Reit. O'dd Ieu yn ddyn smart iawn. Yn dipyn o gatsh. Dyna beth o'n i'n i alw fo'r adeg yna. O'n i yn ei gar o - *Humber Super Snipe* newydd, lliw hufen. Dwi'n cofio meddwl fod 'y ngoesau i yn rhy hir i'r sêt. Ma gin i goesau hir. O'n nhw'n taro yn erbyn y *dashboard*. O'n i'n edrych ar fy mhengliniau mawr i, pan na'th o 'nghusanu i'n ddirybudd mewn ffordd. "Cymra fi, rheola fi fel ma' nhw'n gneud yn y pictiwrs!" A 'nes i ecseitio'n lân... nes i ecseitio cymaint â.... wel o'dd 'na ddilyw lawr fan'na. Do'n i ddim yn medru ei rheoli o. O'dd o fath â ton nwydwyllt, yr afon 'ma o fywyd jest yn llifo allan ohono'i, syth trw'n nicyrs i, dros sêt ei *Humber Super Snipe* newydd lliw hufen. Nid pi-pi o'dd o... a do'dd'na ddim ogla - wel, a deud y gwir d'on i ddim yn medru ogla dim, ond ddeudodd o, ddeudodd Ieu, ei fod o'n ogla fath â llefrith sur a'i fod e'n steinio sêt ei gar o. O'n i'n "ferch od ddrewllyd" medda fo. O'n i isio esbonio bod ei gusan o wedi'n nhaflu i oddi ar fy echel, mod i ddim fel hyn fel arfer. Driais i sychu'r ddilyw efo'n ffrog.

Ffrog newydd felen lliw briallu a o'dd e'n edrych mor

hyll efo'r ddilyw aro fo. Gyrrodd Ieuan fi adra, a ddeuodd o ddim gair o'i ben a phan es i allan a cau drws i gar o fe gauais i'r siop gyfan. Ei gloi o. Byth i agor i fusnes eto. Es i allan efo amball un ar ôl hynny ond o'dd syniad y ddilyw'n 'yng ngwneud i'n rhy nerfus. Ddois i ddim hyd yn oed yn agos eto.

O'n i'n arfer cael breuddwydion... breuddwydion gwallgo. O, ma' nhw'n wirion. Pam? Burt Reynolds. Dwi ddim yn gwybod pam. Ddaru o 'rioed gwneud dim i fi mewn bywyd bod dydd, ond yn 'y mreuddwydion o'dd o bob amser yn Burt a fi. Burt a fi. Burt a fi. Fe fydden ni'n mynd allan. Burt a fi. O'dd o'r fath o *restaurant* wela chi ym Mharis, yn fawr, chandeliers a ballu, a miloedd o ddynion yn gweini'n gwisgo gwasgoda. Bydde Burt yn rhoi'r *orchid* 'ma i fi. Fe fyddwn i'n ei binio ar fy nghot. Fe fyddan ni'n chwerthin. Oeddwn i bob amser yn chwerthin, Burt a finne. Byta prawn coctêl.

Prawns anferth, prawns ardderchog. Fe fyddan ni'n chwerthin mwy. Oddan ni'n hapus iawn efo'n gilydd. Wedyn fydda fo'n edrych i'n llygaid i a nhynnu i ato fo yng nghanol y restaurant - a, jest pan o'dd e ar fin fy nghusanu i, fe fydda'r stafell yn dechra ysgwyd a fe fydda 'na golomenod yn dechrau fflio allan o dan y bwrdd - 'dwn i ddim be' o'dd y colomennod yn da 'na - ac fe fydde'r ddilyw'n dod yn syth lawr fan'na.

Yn tywallt allan ohono'i. Yn tywallt a thywallt. Fe fydda 'na bysgod ynddo fo a chychod bychan, ac fe fydda'r *restaurant* gyfan yn llenwi o ddŵr, ac fe fydda Burt yn sefyll at ei benglinia yn fy nilyw i, yn edrych yn ofnadwy o siomedig 'mod i wedi gneud o eto, yn arswydo wrth wylio'i ffrindia - Dean Martin a'i debyg yn nofio heibio i ni yn ei DJ's a'u dillad crand.

Dwi ddim yn cael y breuddwydion yna bellach... dim

ers iddyn nhw dynnu bron i bod dim sy'n gysylltiedig â lawr fan'na. Dynnon nhw'r groth, y tiwbie, y cyfan i gyd. O'dd y doctor yn meddwl ei fod o'n dipyn o gês. Ddwedodd o wrtha' i, "*if you don't use it, you lose it.*" Ond go iawn nes i ddarganfod mai cansar o'dd o. O'dd rhaid i bob dim o'i gwmpas o fynd. Pwy sy' isie fo p'run bynnag? Yn union! Gorddeud ma' nhw. Dwi 'di gwneud pethe eraill. Dwi 'di gwirioni ar sioeau cŵn. Dwi'n gwerthu *antiques*.

Gwisg? Pa fath o gwestiwn 'di hwnna? Beth fydde'r wisg?

Arwydd mawr.

WEDI CAU O ACHOS LLIFOGYDD

Sgwrs? Dwi di deuth'o chi. Nid fel'na mae. Nid fel person sy'n sgwrsio. Stopiodd y sgwrsio amser maith yn ôl. Mae o fath â lle. Lle 'dach chi ddim yn mynd. Wedi cau, o dan y tŷ. Lawr fan'na.

'Dach chi'n hapus rŵan? 'Da chi 'di gwneud i mi

siarad. 'Dach chi 'di gal o allan ohono'i. Gafoch chi hen ddynes i siarad am ei lawr fan'na. 'Da chi'n teimlo'n well rŵan?

'Dach chi'n gwbod, a deud y gwir, chi 'di'r person cyntaf dwi 'rioed wedi siarad efo hi am hyn... a dwi'n teimlo tipyn bach yn well.

Y GWEITHDY SHINANI

Ma'n shinani i'n gragen, cragen binc dyner, yn agor a chau, agor a chau. Ma'n shinani i'n flodyn, yn diwlip egsentrig, y canol yn fain a dwfn, y persawr yn ysgafn, y petalau'n feddal ond yn gryf.

Dwi ddim wastad wedi gwbod hyn. Dysgais i fe mewn gweithdy shinani. Y fenyw sy'n rhedeg y gweithdy shinani ddysgodd e i fi, menyw sy'n credu mewn shinanod, sy'n rîli gweld shinanod, sy'n helpu menywod i weld eu shinanod ei hunain wrth weld shinanod menywod eraill.

Yn y sesiwn gynta' gofynnodd y fenyw sy'n rhedeg y gweithdy shinani i ni dynnu llun o'n "shinani unigryw, hardd a gwych". 'Na beth wedodd hi. O'dd hi isie gwbod beth o'dd ein "shinani unigryw hardd a gwych" yn edrych fel i ni. 'Na'th un fenyw, o'dd yn feichiog, dynnu llun ceg fawr goch sgrechllyd yn arllwys arian. 'Na'th menyw arall dene iawn, dynnu llestr gweini mawr 'da patrwm swydd

Dyfnaint arno fe. Dynnes i lun smotyn du anferth 'da llinelle bach troellog o'i gwmpas e. O'dd y smotyn du'n cynrychioli twll du yn y gofod a o'dd y llinelle troellog yn cynrychioli pobl ne pethe ne unrhyw hen atome elfennol o'dd wedi mynd ar goll 'na.

O'n i wastad wedi meddwl am yn shinani i fel hwfyr anatomig yn sugno gronyne a gwrthryche o'r amgylchfyd o'i gwmpas ar chwiw.

O'n i ddim yn meddwl am yn shinani i mewn terme ymarferol neu feiolegol. Do'n i ddim yn ei weld e fel rhywbeth o'dd yn sownd i fi.

Yn y gweithdy fe ofynnwyd i ni edrych ar ein shinanod gyda drych. Wedyn, ar ôl archwilio'n ofalus, i roi adroddiad llafar i'r grwp am beth welson ni.

Ma' rhaid i fi ddweud bod popeth o'n i'n gwbod am 'yn shinani hyd yn hyn wedi seilio ar sibrydion neu ddyfeisgarwch. O'n i eriod wedi gweld y peth go iawn. 'Na'th e ddim croesi'n feddwl i i edrych. O'dd 'yn shinani i'n bodoli i fi ar ryw dir haniaethol. Bydde' edrych yn leihad, yn lletchwith, mynd lawr 'na, fel 'naetho ni yn y gweithdy, ar ein matie glas sgleiniog gyda'n dryche. O'dd e'n atgoffa fi o shwt o'dd y seryddwyr cynnar siŵr o fod yn teimlo 'da'u sbienddryche cyntefig.

O'dd e'n eitha cythryblus i ddechra – 'yn shinani i. Fel y tro cynta' chi'n gweld pysgodyn wedi'i dorri ar agor a chi'n darganfod y byd arall gwaedlyd a chymleth 'ma tu fewn, jest o dan y cro'n. O'dd e mor amrwd, mor goch, mor ffresh. A'r peth synnodd fi fwya o'dd yr haene. Haene tu fewn i haene, yn arwain at fwy o haene. O'dd 'yn shinani i'n rhyfeddol. O'n i'n methu siarad pan ddoth 'yn nhro i'n y gweithdy. O'n i'n fud. O'n i wedi 'neffro i beth alwodd y fenyw o'dd yn rhedeg y gweithdy yn "shinani wyrth". O'n i jest ishe gorwedd fan'na ar y mat, 'yng nghoese i ar led yn archwilio'n shinani am byth.

Shinani'n Siarad

O'dd e'n well na'r *Grand Canyon*, yn hynafol a graslon, diniwed a ffresh, fel gardd go-iawn hen ffasiwn. O'dd 'yn shinani i'n ddoniol, yn ddoniol iawn. Odd e'n hala fi werthin. Odd e'n gallu ware cwato, agor a chau. Fel ceg. Fel y bore.

Wedyn, gofynnodd y fenyw o'dd yn rhedeg y gweithdy sawl un o'r menywod yn y gweithdy o'dd wedi ca'l orgasm. Cododd dwy fenyw eu dwylo'n betrusgar. Chodais i mo'n law ond o'n i wedi ca'l sawl orgasm. Godais i mo'n law achos taw rhai damweiniol o'n nhw. O'n nhw'n digwydd i fi. O'n nhw'n digwydd yn fy mreuddwydion ac o'n i'n dihuno yn 'y ngogoniant. O'n nhw'n digwydd mewn dŵr yn aml, rhan fwya yn y bath ac unwaith yn Ninbych y Pysgod. O'n nhw'n digwydd ar gefn ceffyl, ar feicie ac ar y peiriant rhedeg yn y gampfa. Godais i mo'n llaw achos er mod i 'di ca'l sawl orgasm o'n i ddim yn gwybod siwd i neud i un ddigwydd. O'n i rio'd wedi trial neud i un ddigwydd. O'n i'n meddwl bod e'n rhywbeth cyfriniol, hudolus. O'n i ddim isie busnesu. O'dd e ddim yn teimlo'n iawn bod yn rhan ohono fe. O'dd e'n teimlo fel Hollywood. Orgasm drw' fformiwla. Bydde'r syrpreis wedi mynd, a'r dirgelwch. Y broblem wrth gwrs o'dd bod y syrpreis wedi mynd ers dwy flynedd. O'n i heb gael orgasm hudolus ddamweiniol ers amser hir a o'n i'n desprêt. 'Na pam o'n i yn y gweithdy.

A wedyn dyma'r foment yn cyrraedd: y foment o'n i'n ofni ond ar yr un pryd, yn gyfrinachol yn dyheu amdano. Gofynnodd y fenyw o'dd yn rhedeg y gweithdy i ni dynnu'n dryche mas eto i weld os allen ni ddod o hyd i'n clitoris. A 'na le o'n i, grŵp o fenywod ar ein cefne, ar ein matie yn wilo am ein smotie, ein hanian, ein rheswm, a dwi ddim yn gwbod pam ond dechreues i lefain. Falle taw embaras llwyr o'dd e. Falle taw gwbod bod rhaid i fi roi'r gore i'r ffantasi, y ffantasi anferth o'dd yn cynnal 'y mywyd i - bod rhywun neu rhywbeth yn mynd i neud hwn i fi - y ffantasi bod rhywun yn dod i fyw 'ym mywyd i drosto'i, i ddewis cyfeiriad, i roi orgasm i fi. O'n i wedi arfer byw yn answyddogol - mewn ffordd ledrithiol ofergoelus. O'dd darganfod y clitoris, y gweithdy gwyllt ar y matie glas sgleiniog yn gwneud yr holl beth yn real, rhy real. O'n i'n gallu teimlo'n hun yn mynd i banic, yn arswydo ac ar yr un pryd yn sylweddoli mod i wedi osgoi darganfod 'y nglitoris, wedi'i rhesymoli fel rhywbeth priffrwd a masnachol, achos a gweud y gwir o'n i'n ofni bod dim clitoris i ga'l 'da fi, yn ofni mod i'n berson anrhywiol, marw, diffrwyth, sych, yn blasu fel bricyll chwerw o Dduw!

Gorweddais i 'na 'da 'nrych yn edrych am 'yn le i, yn estyn gyda mysedd, a 'na gyd o'n i'n gallu meddwl am o'dd yr amser pan o'n i'n ddeg a gollais i'n fodrwy aur da'r cerrig emrallt mewn llyn. Y ffordd nes i ddal i blymio drosodd a drosodd i waelod y llyn, yn rhedeg 'y nwylo'i dros y cerrig a'r pysgod a'r topie poteli a'r llysnafedd ond byth dros y fodrwy. Y panic o'n i'n teimlo. O'n i'n gwbod gelen i 'nghosbi. Ddylen i ddim fod wedi gwisgo hi i fynd i nofio.

Welodd y fenyw o'dd yn rhedeg y gweithdy fi'n scramblo'n wallgo yn 'wysu ac anadlu'n drwm.

Da'th hi draw. Wedes i wrthi, "Dwi wedi colli 'nglitoris. Mae wedi mynd. Ddylen i ddim fod wedi gwisgo 'nglitoris i fynd i nofio." Chwerthinodd y fenyw o'dd yn rhedeg y gweithdy. Rhoiodd ei llaw ar 'y nhalcen i'n dyner. Ddwedodd hi bod 'y nglitoris i'n rhywbeth allen i ddim o'i golli. 'Na beth o'n i, 'na beth o'dd 'yn hanfod i. Cloch drws y tŷ a'r tŷ ei hunan. O'dd dim rhaid i fi ddod o hyd i 'nglitoris. O'dd rhaid i fi fod yn glitoris.

Bod yn glitoris. Bod yn glitoris.

Gorweddais i nôl a giais i'n llygaid. Rhoiais i'r drych

lawr. Gwyliais i'n hunan yn arnofio uwchben yn hunan. Gwyliais wrth i fi nesáu at yn hunan yn araf a mynd mewn. O'n i'n teimlo fel gofotwraig yn dychwelyd i atmosffêr y ddaear. O'dd e'n dawel iawn, y dychwelyd: yn dawel ac yn dyner. Sbonciais i a glanio, glanio a sboncio. Des i mewn i 'nghyhyre'n hunan a 'ngwa'd a 'nghelloedd, a wedyn llithrais i mewn i'n shinani. Yn sydyn o'dd e'n rhwydd ac o'n i'n ffitio. O'n i'n dwym a'n curo ac yn barod ac yn ifanc ac yn fyw. A wedyn heb edrych a'n lygaid dal ar gau roiais i mys ar beth o'dd yn sydyn wedi troi mewn i fi. O'dd 'na gryndod bach i ddechrau o'dd yn annog fi i aros. Wedyn troiodd y cryndod yn ysgytwad, yn ffrwydriad, yr haene'n rhannu a rhannu drosodd a throsodd. Agorodd yr ysgytwad ar orwel hynafol o oleuni a thawelwch, agorodd yn ei dro ar fyd o gerddoriaeth a lliwiau a diniweitrwydd a hiraeth, a deimles i gysylltiad yn galw ar gysylltiad wrth i fi orwedd yn ymrwyfo ar y mat bach glas.

Ma'n shinani i'n gragen, yn diwlip ac yn dynged. Dwi'n cyrraedd wrth i fi ddechre gadael. 'Yn shinani, 'yn shinani, fi.

DYMA FFAITH HAPUS AM SHINANI

O *Woman: An Intimate Geography*, gan Natalie Angier:

"Mae'r clitoris yn bur yn ei bwrpas. Hwn yw'r unig organ yn y corff sy wedi ei gynllunio'n llwyr ar gyfer pleser. Bwndel o nerfe yw'r clitoris, 8,000 ffibr nerfol, a bod yn gywir. Crynodiad uwch o ffibrau nerfol nag yn unrhyw le arall yn y corff benywaidd na gwrywaidd, yn cynnwys blaenau'r bysedd, y gwefusau a'r dafod, ac mae'n ddwywaith, ddwywaith, ddwywaith y nifer sydd yn y pidyn."

FE FWRON NHW'R FERCH MAS O 'MACHGEN I

Menyw 1   Yn bum mlwydd oed

Wrth newid cewyn fy chwaer fach.

Welais ei shinani.

R'o'n i eisiau un.

Ro'n i eisiau un.

Fe dyfiff, meddyliais

Menyw 2   Fe agoraf, meddyliais

Ysais i berthyn

Ysais i ogleuo

fel fy Mam

R'oedd ei harogl melys yn byw

yn fy ngwallt

ar fy nwylo, yn fy nghroen

Ysais am gael bod yn dlws.

Tlws.

Menyw 3	Methais ddeall absenoldeb rhan
	uchaf fy siwt nofio ar y traeth.
	Pam nad o'n i wedi 'ngwisgo fel y
	merched eraill?
	Ysais am gael fy nghyfannu
	Ysais i berthyn
	I chwyrlio'r baton.
Menyw 1	Penodwyd fy rhyw
	pan cefais fy ngeni.
	Ar hap, fel cael eich mabwysiadu
	neu penodi stafell ar lawr uchaf
	gwesty.
	Nelo fe ddim â pwy y'ch chi
	Na'ch ofn chi o uchder.
	Ond er waetha'r offer
	Roedd rhaid i mi gario
	Ro'n i'n gwybod erioed

	'mod i'n ferch.
Menyw 2	Guron nhw fi oherwydd hyn.
	Guron nhw fi am grio
	Fy mhwno i am eisiau
Menyw 1	Cyffwrdd
Menyw 2	Maldodi
Menyw 3	Cwtsho
Menyw 1	Helpu
Menyw 2	Dal
	eu dwylo nhw
Menyw 3	Am drio hedfan yn yr eglwys
	fel drudwy Branwen
Menyw 1	Gwneud olwyndro.
Menyw 2	Gweu sanau
Menyw 3	Cario bag llaw i'r ysgol feithrin
Menyw 1	Ciciwyd fi'n ddidrugaredd yn
	ddyddiol

	ar y ffordd i'r ysgol
Menyw 2	Yn y parc
	dyrnwyd 'y ngwinedd
	lliw Felt Tips
Menyw 3	Clatshwyd 'y ngwefusau lipstic
	coch.
Y Tair	Fe fwron nhw'r ferch
	mas o 'machgen i.
Menyw 1	Neu fe drion nhw.
Menyw 2	So ês i dan ddaear.
	Roi'r gorau i chwarae'r ffliwt
Menyw 3	"Bydd yn ddyn, safa lan dros dy
	hunan,
	Dos i fwrw fe nôl."
Menyw 1	Tyfais farf llawn
Menyw 2	R'o'dd e'n dda ro'dd e'n fawr.
Menyw 3	Ymunais â'r *Marines*

"Sugna fe lan a drifa mla'n."

Menyw 1   Gollais i'n sglein

Menyw 2   Mynd yn ddiliw

Menyw 3   Weithiau'n greulon.

Menyw 1   Bwtsha fe

Menyw 2   Bwtsha fe

Menyw 1 & 2   Bwtsha fe lan.

Menyw 3   Bob amser yn dynn, gwallus, anghyflawn

Menyw 1   Rhedais i ffwrdd o adref

Menyw 2   O'r ysgol

Menyw 3   O Bŵt Camp

Menyw 1   Rhedais i Ddinbych y Pysgod

Menyw 2   I Fae Caerdydd

Menyw 3   I Lundain

Menyw 1   I Baris

Menyw 2   Darganfyddais bobol hoyw

Menyw 3	Lesbiaid yr anialwch
Menyw 1	Ces fy shot gyntaf o hormonau
	Ces ganiatâd i fod yn fi
Menyw 2	I drawsnewid
	I deithio
	I fewnfudo.
	Mwy na tri chan' awr o nodwyddau poeth.
	Cyfrais y gronynnau gwrywaidd
	wrth iddyn nhw farw.
	"Ffarwel i bymtheg blewyn dyn."
Menyw 3	Mae'r benywaidd yn y gwyneb.
	Rwy'n codi f'aeliau mwy
	Rwy'n chwilfrydig
	Rwy'n gofyn cwestiynau.
Menyw 1	A fy llais.

Ymarfer ac ymarfer

Cyseiniant yw'r cwbl

Lan a lawr lan a lawr

Mae dynion yn undonog a fflat

Mae acen Shîr Gâr yn ardderchog

Ac acen Rhydfelen yn help.

"Helo fy ffrind."

Menyw 2 Ac mae fy shinani'n fwy cyfeillgar o

lawer

Rwy'n ei thrysori

Mae hi'n fy llonni

Menyw 3 Mae'r orgasmau'n dod yn donnau

Nid yn herciog fel o'r blaen

Menyw 1 Fi yw'r ferch drws nesa

Menyw 2 Yn y diwedd, fy nhad, y Sargeant

Major yn talu amdano.

Fy shinani

Menyw 3	Roedd Mam yn poeni
	Am beth byddai pobl yn meddwl amdani
	Mai hi greodd hyn
	Nes i fi fynd i'r eglwys
	A dwedodd pawb
	Mae hi'n hardd
	Eich Merch
Menyw 1	Rwy'n gallu bod yn feddal
	Mae gen i'r hawl i wrando
	Mae gen i'r hawl i gyffwrdd
	Rwy'n gallu
	Gallu derbyn
Menyw 2	Bod yn yr amser presennol
Menyw 3	Mae pobl cymaint yn neisach i fi nawr
Menyw 1	Rwy'n gallu dihuno yn y bore

A rhoi 'ngwallt mewn poni-teil

Menyw 2 Unionwyd cam

Menyw 3 Mae Duw yn fy neall i

Menyw 1 Mae fel pan chi'n trio cysgu

Ac mae sŵn uchel larwm car —-

Ar ôl cael fy shinani, roedd e fel

petae rhywun

wedi ei ddiffodd o'r diwedd.

Menyw 2 Rwy'n byw ym mharth benywaidd-

dra nawr

ond chi'n gwybod sut mae pobl yn

teimlo am fewnfudwyr

D'y'n nhw ddim yn hoffi pan chi'n

dod o rhywle arall

D'y'n nhw dim yn hoffi pan chi'n

cymysgu

Laddon nhw 'nghariad i

Guron nhw fe'n wallgo tra ei fod

e'n cysgu

Gyda bat criced

Guron nhw'r ferch 'ma

Mas o'i ben e.

Do'n nhw ddim eisiau

Iddo garu estroniad

Er ei bod hi'n dlws

Ac yn gwrando ac yn garedig.

Do'n nhw ddim eisiau iddo syrthio

Mewn cariad

Â amwysedd.

Ro'n nhw'n ofni golle fe'i ffordd

Roedd cariad yn eu dychryn nhw

cymaint.

ACHOS BOD E WRTH EI FODD YN EDRYCH

Fel hyn ddysgais i garu'n shinani i. Mae'n embaras achos dyw e ddim yn wleidyddol gywir. Y peth yw, dwi'n gwbod ddyle fe fod wedi digwydd mewn bath llawn gronyne halen o'r Môr Marw. Enya'n chware a fi'n caru fy hunan fenywaidd. Dwi'n gwbod y stori. Ma shinanod yn bert. 'Na gyd yw'r hunan gasineb 'ma yw ni fenywod yn mewnoli gormes a chasineb y diwylliant patriarchaidd. Dyw e ddim yn real. Shinanod mewn undod. Dwi'n gwybod e'i gyd. Er enghraifft, 'sa ni 'di cael ein magu mewn diwylliant o'dd yn dysgu bod coese tew yn bert, bydde ni i gyd yn stwffio hufen iâ a siocled, ac yn gorwedd ar ein cefne drw'r dydd i ga'l coese tew.

Ond gethon ni ddim o'n magu yn y math 'na o ddiwylliant. O'n i'n casáu 'nghoese i a o'n i'n casáu'n shinani'n fwy byth. O'n i'n meddwl bod 'yn shinani i'n anhygoel o hyll. O'n i'n un o'r menywod 'ma o'dd wedi edrych, ac wedi 'difaru'n syth. O'n i'n temlo'n dost. O'n i'n flin am unrhyw un o'dd yn gorfod mynd lawr 'na.

Er mwyn cario mla'n, dechreues i esgus bod rhywbeth arall rhwng 'y ngoese 'i. O'n i'n dychmygu celfi – *futons* clyd a blancedi gwlân ysgafn, soffas bach felfet, mate cro'n llewpart - ne' pethe pert - hancsheri sidan, plate tseina delicet, tirlunie bach dyfrlliw o lynnoedd clir fel grisial ne' gorsydd llaith Gwyddelig. Gyfarwyddais i gymaint â'r syniad anghofiais i'n llwyr bo fi'n berchen ar shinani. Pan o'n i'n ca'l rhyw 'da dyn, o'n i'n ei weld e tu fewn i fwffler wedi leinio gyda minc, ne' rhosyn coch, ne' fasin Tsineaidd.

Wedyn gwrddes i â Bob. Bob o'dd y dyn mwya' cyffredin o'n i wedi cwrdda. O'dd e'n dal ac yn dene a diddim ac o'dd e'n gwisgo dillad lliw *khaki*. O'dd Bob ddim yn hoffi bwyd sbeislyd, o'dd e ddim yn gwrando ar Prodigy.

O'dd dim diddordeb 'da fe mewn dillad isha rhywiol. Yn yr haf o'dd e'n gwario amser yn y cysgod. O'dd e ddim yn rhannu ei deimlade dyfna. O'dd dim probleme 'da fe na asgwrn i grafu, a d'odd e ddim hyd yn oed yn alcoholic. O'dd e ddim yn ddoniol iawn na'n huawdl na'n llawn dirgelwch. O'dd e ddim yn gybyddlyd na 'nghlwm i neb arall. O'dd e ddim yn llawn o fe'i hunan na'n garismataidd. O'dd e ddim yn gyrru'n gyflym. O'n i ddim yn arbennig o hoff o Bob. Bydden i wedi ei fethu fe'n gyfangwbwl tase fe heb godi'r arian mân gollyngais i ar lawr y delicatessen. Pan roiodd e'r arian nôl i fi a na'th ei law e gyffwrdd yn law i'n ddamweiniol, digwyddodd rhywbeth. Es i i'r gwely 'da fe. Na pryd ddigwyddodd y wyrth.

Mae'n debyg bod Bob yn caru shinanod. O'dd e'n *gonnoisseur*. O'dd e'n caru eu teimlad nhw, eu blas nhw, eu gwynt nhw, ond yn bwysicach fyth o'dd e'n caru eu golwg nhw. O'dd rhaid iddo fe edrych arnyn nhw. Y tro cynta' gethon ni rhyw wedodd e' bod rhaid iddo fe 'ngweld i.

"Dwi fan hyn," wedes i.

"Na. Ti!" wedodd e. "Ma'n rhaid i fi weld ti."

"Tro'r gole mla'n," wedes i.

O'n i'n meddwl bod e off 'i ben, o'n i'n ffrico mas yn y tywyllwch! Droiodd e'r gole mla'n. Wedyn wedodd e "O.K. wi'n barod, barod i weld ti."

"Fan hyn..." godais i'n llaw "...wi fan hyn..."

Wedyn dechreuodd e dynnu'n nillad i "Beth ti'n neud Bob?" wedes i.

"Dwi angen gweld ti!" wedodd e.

"'sdim ishe..." wedes i, "jest pitsha miwn..."

"Dwi angen gweld beth i ti'n edrych fel..." wedodd e

"Ond ti 'di gweld soffa ledr goch o'r bla'n!" wedes i.

Na'th Bob gario mla'n. O'dd e'n gwrthod stopo. O'n i'n mo'yn 'hwdu... a marw.

"Ma hwn yn ofnadw o bersonol," wedes i. "Nag y't ti

jest yn gallu pitsho miwn?"

"Na!" wedodd e. "Dyma pwy wyt ti. Dwi angen edrych."

Dales i'n anal. Edrychodd e ac edrychodd e. Na'th e ebychu a gwenu a rhythu ac ochneidio, a'th ei anal e'n fyr a newidiodd ei wyneb e! O'dd e ddim yn edrych yn gyffredin rhagor. O'dd e'n edrych fel bwystfil hardd o'dd jest a starfo.

"Ti mor hardd," wedodd e'. "Wyt ti mor gain a dwfn a diniwed a gwyllt."

"Weles ti hwnna yn fanna?" wedes i.

O'dd e fel sa' fe wedi darllen 'yn law i.

"Weles i hwnna..." wedodd e, "...a mwy - llawer, llawer mwy."

Arhosodd e'n edrych am bron i awr, fel 'sa fe'n stydio map, yn arsyllu ar y lleuad, yn edrych yn ddwfn i'n llygaid i, ond 'yn shinani i o'dd e. Yn y gole, o'n i'n edrych arno fe'n edrych arno i a o'dd e mor amlwg yn llawn chwant diffuant, mor llonydd ac iwfforig. Dechreuais i deimlo'n wlyb a wedi'n nhroi mla'n. Dechreues i weld 'yn hunan yn y ffordd o'dd e'n 'y ngweld i. Dechreues i deimlo'n hardd a hyfryd fel darlun mawr pwysig ne' rhaeadr. O'dd dim ofn ar Bob. O'dd e ddim yn ffieiddio. Dechreues i wyddo, dechreues i deimlo balchder. Dechreues i garu'n shinani. A gollodd Bob ei hunan 'na... a o'n i fan'na 'da fe... a bant â ni.

FFAITH SYDD DDIM MOR HAPUS

Dyma ffaith sydd ddim mor hapus ymddangosodd yn adroddiad 2020 UNICEF.

Mae anffurfio organau cenhedlu wedi ei orfodi ar tua dau gan miliwn o ferched a menywod ifainc. Yn y trideg gwlad ble mae'n arferol, yn Affrica gan fwyaf, o fewn y ddegawd nesaf gall tua trideg miliwn o ferched ifainc ddisgwyl y gyllell, neu rasel neu ddarn o wydr, i dorri'r clitoris neu ei dynnu yn llwyr. Yn hanner y gwledydd yma roedd mwyafrif y merched yn cael eu torri cyn cyrraedd pump oed.

Mewn dyn fyddai'n gyfystyr â thorri'r rhan fwyaf o'r wialen neu'r cyfan ohoni. Mae canlyniadau tymor byr yn cynnwys: tetanus, gwaedlif, toriadau yn yr iwrethra, y bledren a waliau'r fagina. Tymor hir: haentiau cronig yn y groth, poen ychwanegol a pheryglon yn ystod genedigaeth, a marwolaeth cynnar. Y newyddion da yw, trwy

Shinani'n Siarad

ymdrechion ymgyrchwyr llawr gwlad, mae anffurfio organau cenhedlu ar drai gyda'r canran o ferched o bymytheg i bedair ar bymtheg sydd wedi'u torri wedi gostwng o 51% yn 1985 i 37% heddiw.

CYFLWYNEDIG

I fenywod Bosnia ac i bob menyw yn y byd sydd wedi dioddef trais fel arf systematig mewn rhyfel.

FY SHINANI OEDD FY MHENTREF

Oedd yn shinani i'n wyrdd, dŵr meddal caeau pinc, brefiad buwch, haul llonydd cariad melys bachgen yn cyffwrdd yn ysgafn gyda darn tyner o wellt melyn.

Mae 'na rhywbeth rhwng fy nghoese i. Dwi i ddim yn gwbod beth yw e. Dwi ddim yn gwbod ble mae e'. Dwi ddim yn cyffwrdd. Dim nawr. Dim mwyach. Dim ers.

Oedd fy shinani i'n siarad, methu aros, cymaint, cymaint o ddweud, geiriau'n siarad, methu peidio ymdrechu, methu peidio dweud, o ie, o ie.

Dim ers dwi'n breuddwydio bod anifail marw lawr 'na

gyda llinyn pysgota trwchus du. A does dim modd symud arogl drwg yr anifail marw. A mae ei wddf e wedi torri a mae e'n gwaedu trwy'n ffrogie haf i gyd.

'Yn shinani'n canu caneuon merched i gyd. Seiniau'r caneuon clychau'r geifr i gyd, caneuon gwyllt y caeau yn yr hydref i gyd, caneuon shinani, caneuon cartre shinani.

Dim ers i'r milwyr roi reiffl hir drwchus tu fewn i fi. Mor oer, y wialen ddur yn dileu nghalon. Ddim yn gwybod os ydyn nhw'n mynd i danio fe, ne' ei wthio fe drwy'n ymennydd sydd yn chwyrlïo. Chwech ohonyn nhw, doctoriaid anghenfilaidd gyda masgiau du yn gwthio poteli mewn i fi hefyd. Oedd brige a phen ysgub.

'Yn shinani'n nofio dŵr afon dwr glân yn arllwys dros gerrig sydd yn pobi yn yr haul dros garreg clit, clit gerrig drosodd a throsodd.

Dim ers i fi glywed y croen yn rhwygo a gwneud syne lemwn sgrechlyd. Dim ers i ddarn o'n shinani ddod yn rhydd yn fy llaw, rhan o'r wefus, nawr 'ma un ochr o'r wefus wedi mynd yn llwyr.

Fy shinani. Pentre byw dŵr gwlyb fy shinani, fy nghynefin.

Dim ers iddyn nhw gymeryd eu tro am saith diwrnod yn aroglu o garthion a chig wedi ei sychu â mwg, Gadawon nhw eu sberm brwnt tu fewn i fi. Droeais i'n afon o wenwyn a chrawn a farwodd y cnyde i gyd a'r pysgod.

'Yn shinani pentre byw dŵr gwlyb.

Goresgyn. Bwtsiera a llosgi i'r llawr.

Dydwi ddim yn cyffwrdd nawr,

Ddim yn ymweld

Dwi'n byw rhywle arall nawr.

Dwi ddim yn gwybod ble ma' hwnna.

'YN SHINANI CRAC

Ma'n Shinani i'n grac! Mae yn! Mae wedi danto. Ma'n shinani i mas o'i chof gwyllt a mae mo'yn siarad. Mae mo'yn siarad am yr holl gachu 'ma. Mae mo'yn siarad 'da chi. Be sy'n mynd mla'n? Y?! Byddin o bobol mas manna'n meddwl am ffyrdd i boenydio'n annwyl anffodus gariadus shinani i. Hala'u diwrnode'n dyfeisio stwff seico a syniade sglyfaethus sy'n tanseilio 'mhwsi i! Ffwlffachwyr!

Yr holl gachu ma nhw'n trial hwpo lan tu fewn i ni, cnau ni, stwffo ni, neud i'r shinani ddiflannu! Wel dyw'n shinani i ddim yn mynd i unman. Mae wedi danto a mae'n sefyll fan 'yn. Fel tampons! Beth ddiawl yw rheina? Ffycin wadin o gotwn sych wedi stwffo lan 'na!

Pam na allwn nhw ffindo ffordd i roi 'mbach o oel ar y tampon? Cyn gynted a ma'n shinani i'n gweld e, mae mynd miwn i sioc! Mae'n gweud "anghofiwch e." Mae'n cied lan. Chi'n gorfod gwitho gyda'r shinani, ei chyflwyno hi i bethe, paratoi'r ffordd. Na beth yw pwrpas ware cyn caru. Chi'n gorfod perswado'n shinani i, denu'n shinani i, dangos i'n shinani i bo chi'n dryst - soch chi'n gallu neud 'na da wadyn o ffycin cotwn.

Stopwch hwpo pethe tu fewn i fi.

Stopwch yr hwpo a stopwch y scrwbo. 'Sdim ishe glanhau'n shinani i. Mae'n gwynto'n ffein yn barod. Dim fel rhosyn. Pych â trio addurno. Pych â credu fe pam mae'n gweu'tho chi bod e'n gwynto fel rhosyn pan mae e fod i wynto fel shinani. 'Na beth ma nhw'n 'neud - trial glanhau'r shinani, neud i'r shinani wynto fel stwff bathrwm ne' fel gardd.

Yr holl chwystryll 'na - blodeuog, mwyaren, glaw. Dwi

ddim isie i'n shinani i wynto fel glaw. Wedi scrwbo, fel golchi pysgodyn ar ôl i chi gwcan e. Wi ishe *tasto'r* pysgodyn. Na pam ordres i fe.

Wedyn ma'r 'archwiliade' 'na. Syniad pwy o'dd rheina? Ma rhaid bod gwell ffordd i neud yr archwiliade 'na. Pam y ffrog bapur ych a fi 'na, sy'n crafu'ch tits chi a crychu pan chi'n gorwedd lawr fel bo chi'n teimlo fel pishyn o bapur dwlodd rhywun i'r bin? Pam y menig rwber? Pam y tortsh lan fanna fel Gary Tryfan yn gwthio'n erbyn disgyrchiant? Pam y stiryps metel natsïaidd? Y geg cwac cwac rewllyd cas ma nhw'n stwffo tu fewn i chi? Beth yw hwnna?

Mae'n shinani i'n grac am yr 'archwiliade' 'ma. Mae'n mynd yn anddiffynnol wythnose mla'n llaw. Mae'n cied lawr, pallu ymlacio. Nag y'ch chi'n casáu hwnna?

"Ymlaciwch eich shinani, ymlaciwch eich shinani." Pam? Dyw'n shinani i ddim yn dwp. Ymlacio fel bo chi'n gallu hwpo Wil cwac cwac tu fewn i fi? Sain credu 'ny.

Pam na allwn nhw ffindo'm bach o felfet porffor moethus neis a dodi fe rownd i fi, dodi fi orwedd ar wely o blu, gwisgo menig cyfeillgar neis pinc ne' las a dodi 'nhraed i orffwys mewn stiryps 'da ffyr drostyn nhw. Twymo Wil cwac cwac. Gwitho gyda'n shinani i.

Ond na. Mwy o boenydio. Wadin sych o ffycin cotwn, Wil Cwac Cwac a nicyrs thong. Hwnna yw'r gwaetha. Nicyrs thong. Syniad pwy o'dd hwnna?

Symud bwti'r lle trw'r amser, mynd yn sownd yn y'ch shinani chi. Pen ôl crwstlyd iawn. Ych a fi.

Shinani'n Siarad

Ma' shinani i fod yn rhydd a'n llydan, ddim wedi'i ddal at 'i gilydd. Na pam 'ma staes yn beth gwael. Ma' isie i ni symud a agor mas a siarad a siarad. Ma' shinanod isie maldod. Gwnewch rhywbeth fel'na, rhywbeth i roi maldod i shinanod. Na, wrth gwrs bo nhw ddim yn mynd i neud 'na. Casáu gweld menywod yn enjoio, yn enwedig yn enjoio'n rhywiol. Er enghraifft pam sa' nhw'n neud pâr o nicyrs o gotwn sofft neis gyda ticlyr Ffrengig tu fewn 'ddo fe? Bydde menywod yn dod o fore gwyn tan nos, dod yn y siope, dod ar y bysus, shinanod hapus yn dod. Bydden nhw ffili godded e. Gweld yr holl shinanod egnïol annibynnol twym hapus.

Sa'n shinani i'n gallu siarad, byddei'n siarad am ei hunan fel fi; byddei'n siarad am shinanod eraill; byddei'n dynwared shinanod.

Wishge'n shinani i ddiamwnte drudfawr, dim dillad, jest fel mae, a diamwnte drosti i gyd.

Helpodd 'yn shinani i i ryddhau babi seis cawr. O'dd hi'n meddwl byddei'n neud mwy o'r siort 'na o beth. Dyw hi ddim. Nawr mae'n mo'yn trafaelu. Dyw hi ddim isie lot o gwmni. Mae ishe darllen a gwbod pethe a mynd mas mwy. Mae'n mo'yn rhyw. Mae'n mo'yn mynd yn ddwfnach. Mae jest a marw ishe mynd yn ddwfnach. Mae ishe caredigrwydd. Mae ishe newid. Mae ishe tawelwch a rhyddid a cusane tyner a gwlybaniaeth twym a twtsho dwfwn. Mae ishe *chocolate*; a ffydd a harddwch. Mae ishe sgrechen.

Mae ishe stopo bod yn grac. Mae ishe dod. Mae ishe ishe. Mae ishe. Yn shinani i, yn shinani i. Wel, mae ishe popeth.

EGWYL

Y GAMFFLOBATSIEN FACH O'DD YN GALLU

Atgof: Rhagfyr 1965: 5 mlwydd o'd

Ma' mam yn gweitho'i mewn llaish dychrynllyd 'ladda'i di-os-na-stopi di' i bido crafu 'nghamfflobatsien. Ma ofan ofnadw' arno'i bo' fi wedi crafu fe bant. Sa'i'n twtsha'n 'unan 'to, hyd yn o'd yn y bath. Ma' ofon arno'i eiff y dwr mewn a llanw fi mor llawn byddai'n hwthu lan. Wi'n rhoi plasters dros 'y nghamfflobatsien i gwato'r twll, ond 'ma nhw'n cwmpo bant yn y dwr. Wi'n meddwl am ddodi corcyn, plyg y bath lan'na i stopo pethe i fynd mewn i fi. Wi'n cysgu gyda tri pâr o nicyrs cotwn patrwm calonne-hapus o dan y mhyjamas 'da "poppers". Wi'n dal ishe twtsha'n unan ond wi ddim yn.

Atgof: 7 mlwydd o'd

Ma' Edgar Montane sy'n 10 yn mynd yn grac 'da fi a'n pwno fi mor galed â mae'n gallu rhwnt 'y ngoese i. Mae'n teimlo fel 'sa "pwy-wdw-i" wedi torri'n llwyr. Wi'n clymercan gartre. Wi'n ffili neud pî-pî. Ma mam yn gofyn be sy'n bod ar 'y nghamfflobatsien i, a pan wi'n gweuth'i beth na'th Edgar mae'n gwaeddu arno i a gweutho fi bido gadel i neb dwtsha fi lawr fan'na byth 'to. Wi'n trial esbonio "nage twtsha fi na'th e mam, pwno fi na'th e."

Atgof: 9 mlwydd o'd

Wi'n ware ar y gwely, yn bownso a cwmpo a 'ma nghamfflobatsien i'n lando ar ben postyn y gwely. Wi'n neud sŵn uchel sgrechlyd sy'n dod streit mas o geg 'y nghamfflobatsien i. Ma' nhw'n mynd a fi i'r ysbyty a ma nhw'n gwnïo fi lan lawr fan'na le dwi 'di ca'l 'yn rhwygo.

Atgof 10 mlwydd o'd

Wi yn tŷ dad a mae'n ca'l parti lan lofft. Ma' pawb yn yfed. Wi'n ware wrth yn 'unan yn y seler a wi'n trial y bra a'r nicyrs gwyn cotwn newydd roiodd wejen 'yn dad i fi. Yn sydyn ma' ffrind gore'n dad, y dyn mowr 'ma Emrys, yn dod atof fi o'r tu ôl, yn tynnu'n nicyrs newydd i lawr a stico'i goc mowr caled mewn i 'nghamfflobatsien i. Wi'n sgrechen. Wi'n cico, wi'n trial pwsho fe bant ond mae e wedi ca'l e mewn yn barod. Ma'n dad i 'na wedyn a 'ma dryll 'da fe a 'ma sŵn uchel ofnadw a wedyn ma' gwâ'd dros Emrys a fi i gyd, lot o wâ'd. Wi'n siŵr bod 'y ngham-fflobatsien i'n cwmpo mas o'r diwedd. Ma' Emrys mewn cadair olwyn am byth a dyw mam ddim yn gadel i fi weld dad am 7 mlynedd.

Atgof : 12 mlwydd o'd

Ma' 'nghamfflobatsien i'n le drwg iawn, llawn po'n, pethe cas, pwno, trespas a gwâ'd. Ma damweinie'n digwydd 'na. Mae'n ardal anlwcus. Yn 'y mhen ma' traffordd rhwnt 'y nghoese i, a 'merch i, wi'n trafaelu, mynd yn bell bell o fan 'yn.

Atgof: 16 mlwydd o'd

Ma' 'na fenyw *gorgeous* sy'n ddauddeg pedwar yn ein pentre ni a wi'n steran arni ddi trw'r amser. Un diwrnod mae'n gofyn i fi fynd mewn iddi char 'i. Mae'n gofyn i fi os wi'n lico cusanu bechgyn a wi'n gweuth'i bo fi ddim yn leicio hwnna. Wedyn mae'n gweud bod hi'n moyn dangos rwbeth i fi a mae'n pwyso draw a mae'n cusanu fi mor ysgafn ar 'y ngwefuse i 'da'i gwefuse hi, a wedyn mae'n rhoi ei thafod yn 'y ngheg i. WAW! Mae'n gofyn i fi os wdw i isie dod draw iddi thŷ hi a wedyn mae'n cusanu fi 'to a gweutho fi i adel fynd, i deimlo fe, i adel i'n tafode ni deimlo fe. Mae'n gofyn i mam os allai aros dros nos a ma'n fam wedi dwli bod shwt fenyw bert lwyddiannus wedi cymryd diddordeb yndo i.

Ma ofon arno'i ond rîli wi ffili aros. Mae'i fflat hi'n ffantastic. Mae e rîli wedi sorto. Fel y saithdege. Bîds, clustoge fflyffi, goleuade ishel. Na pryd wi'n penderfynu bo fi mo'yn bod yn ysgrifenyddes fel hi pan wi'n tyfu lan. Mae'n arllwys fodca iddi hunan a wedyn mae'n gofyn i fi beth fi mo'yn i yfed. Wi'n gweud r'un peth a hi a mae'n gweud bod hi ddim yn meddwl bydde'n fam i'n lico fi yfed fodca. Wi'n gweud bydde 'i siŵr o fod ddim yn lico fi'n cusanu merched chwaeth a ma'r ledi bert yn arllwys drinc i fi. Wedyn mae'n newid mewn i *all in one* shidan lliw *chocolate*. Mae mor bert. O'n i wastod yn meddwl bod deics yn salw. Wi'n gweud, "Chi'n edrych yn grêt," a mae'n gweud "Ti yn hefyd," wi'n gweud "Ond 'na gyd sy' 'da fi yw'r bra a'r nicyrs gwyn cotwn 'ma..." Wedyn mae'n gwishgo fi, yn slow fach, mewn *all in one* shidan arall. Mae'n liw lafant fel diwrnode cynta'r gwanwyn tyner. Ma'r alcohol wedi mynd i mhen i a wi'n rhydd a wi'n barod. Sylwais i bod 'na lun uwchben ei gwely hi o fenyw noeth ddu 'da gwallt affro anferth.

Mae'n roi fi i orwedd ar y gwely'n ofalus ac yn araf. A ma' jest ein cyrff ni'n rwto yn erbyn ei gilydd yn neud i fi ddod. Wedyn mae'n neud popeth i fi a 'nghamfflobatsien o'n i wastad wedi meddwl bod e'n gas o'r bla'n, a WOW. Wi mor dwym, wi mor wyllt. Ma' hi'n gweud, "'Sdim dyn wedi twtsha dy shinani di, mae'n arogli mor neis, mor ffresh, licen i sa'n i'n gallu cadw hi fel'na am byth." Wi'n mynd yn wallgo wyllt a wedyn ma'r ffôn yn canu a wrth gwrs, mam sy 'na. Wi'n siŵr bod hi'n gwbod; mae'n dal fi'n neud popeth. Wi'n anadlu mor drwm a wi'n trial acto'n normal pan wi'n siarad 'da'i ar y ffôn a mae'n gofyn "Be sy'n bod arnot ti, wyt ti wedi bod yn rhedeg?"

Wi'n gweud "Na mam, neud ymarfer corff." Wedyn mae'n gweud wrth yr ysgrifenyddes bert i neud yn siŵr bo fi ddim yn hongian rownd da'r bechgyn a ma'r ledi'n gweud "Trystwch fi, 'sdim bechgyn fan 'yn." Wedyn ma'r fenyw gorjys yn dysgu popeth i fi am 'y nghamfflobatsien. Mae'n neud i fi ware da'n hunan o'i bla'n hi a mae'n dysgu lot o wahanol bethe alla'i neud i roi pleser i'n hunan. Mae'n drylwyr iawn. Mae'n gweutho fi ddylen i wastad wbod shwt i roi pleser i'n hunan fel bo fi byth yn goffod dibynnu ar ddyn.

Yn y bore wi'n becso bo fi wedi troi mewn i bwtsh achos bo fi gymaint mewn cariad â hi. Sylweddolais i nes mla'n taw hi o'dd 'yn iachawdwriaeth syfrdanol annisgwyl gwleidyddol anghywir i. Newidodd hi 'nghamfflobatsien drist i'n llwyr a hala ddi lan i ryw siort o nefoedd.

FEL BETH MA SHINANI'N GWYNTO?

Menyw 1   Fel beth ma shinani'n gwynto?

Menyw 2   Pridd

Sbwriel gwlyb

Duw

Dŵr

Bore newydd sbon

Menyw 3   Dyfnder

Sinsir melys

Chwys

Menyw 1   Mae'n dibynnu...

Menyw 2   Mysg

Fi

Menyw 3   Dim gwynt, medde nhw

Menyw 1   Pinafal

Gwin Cymun

	Paloma Picasso
Menyw 2	Cig priddlyd a mysg
	Sinamon a clôfs
	Rhosynne
	Coedwig jasmin sbeislyd myglyd
	Coedwig ddwfwn, ddwfwn.
Menyw 3	Mwsog llaith
	Loshin iymi
	Y môr tawel
Menyw 1	Rhywle rhwng pysgod a leilac
Menyw 2	Eirin gwlanog
	Y co'd
	Ffrwythe aeddfed
	Te mefus a kiwi
Menyw 3	Nefoedd
	Dŵr a finegr
	Diod feddwol ysgafn felys

	Caws
Menyw 1	Cefnfor
	Yn rhywiol
	Sbwng
Menyw 2	Y dechreuad.

AIL-BERCHNOGI CONT

Wi'n gweud cont. Wi di ail-berchnogi'r gair "cont". Wi'n rili lico fe. "Cont." Gryndwch ar y gair. "Cont."

C C Ca Ca Cariad, Calon Cusan caclo clitoris ciwt cleimacs – c wedi cau – wedi cau tu fewn, tu fewn i ca wedyn co – wedyn crwn, o cylchog yn gwahodd – offeryn, ogof, o dan, orohuan, ochneidio oh! oh! o – wedyn n wedyn con – llythrenne clyd yn ffitio da'i gilydd yn berffaith – n – nyth, nawr, necsws, neis, neis, wastod dyfnder, wastod yn grwn fel priflythyren con, con – n – pyls drydanol ddrygionus ysgythrog n *(sŵn traw uchel)* wedyn n feddal – n dwym – con, con, wedyn t, wedyn t siarp siŵr eger – teimlad, tent, tân, taran, ton, trysor, tendril, tynhau, tast, tesog, twtsho...

Gwedwch e, gwedwch e, "cont, cont," gwedwch e, gwedwch e, "cont, cont."

MERCH 6 MLWYDD O'D

Gofynnais i i ferch chwech mlwydd o'd

"Tase dy shinani di'n gwisgo, beth wisge'i?"

"Trainyrs coch a cap pigyn wedi'i wishgo sha nôl."

"Os galle hi siarad, beth wede'i?"

"Gire'n dechre da F a T – ma troli a feiolin yn esiample."

"Beth ma' dy shinani di'n atgoffa di o?"

"Pîtshen dywyll bert. Ne' diamwnt ffeindies i mewn trysor a fi sy' bia fe."

"Be sy'n arbennig am dy shinani di?"

"Rhywle'n ddwfwn tu fewn iddi wi'n gwbod bod da'i ymennydd rîli siarp."

"Beth 'ma dy shinani di'n gwynto fel?"

"Plu eira."

Y FENYW O'DD YN CARU NEUD SHINANOD YN HAPUS

Wi'n caru shinanod. Wi'n caru menywod. Dwi ddim yn eu gweld nhw fel pethe ar wahân. Ma' menywod yn 'y nhalu i arglwyddiaethu drostyn nhw, i gyffroi nhw, i 'neud iddyn nhw ddod.

Nid fel hyn ddechreues i. Na, i'r gwrthwyneb ddechreues i fel cyfreithwraig. Ond yn 'y nhridegau hwyr fe ddatblygais i'r obsesiwn 'ma 'da neud menywod yn hapus. O'dd gyment o fenywod rhwystredig. Gymaint o fenywod o'dd heb ddrws i hapusrwydd rhywiol. Dechreuodd e fel rhyw fath o genhadaeth a wedyn es i 'nghlwm wrth y peth. O'n i'n dda, o'n i'n ddisglair. Hwn o'dd 'y nghelfyddyd i.

Dechreues i ga'l 'y nhalu. O'dd e fel tasen i wedi darganfod 'y ngalwedigaeth i. O'dd cyfraith y dreth yn ymddangos yn gwbwl ddiflas ac amherthnasol wedi 'ny.

O'n i'n gwisgo dillad beiddgar pan o'n i'n arglwyddiaethu dros fenywod – lês a silc a lledr – ac o'n i'n defnyddio props – chwipie, cyffion, rhaffe, dildos. O'dd dim byd fel'na yng 'nghyffraith y dreth. O'dd dim props, dim cyffro, a o'n i'n casáu'r siwtie glas corfforaethol 'na er 'mod i'n eu gwisgo nhw nawr o bryd i'w gilydd yn 'y ngwaith newydd i a ma nhw'n 'neud y tro'n iawn. Cyd-destun yw popeth. O'dd dim props, dim dillad beiddgar yn y gyfraith gorfforaethol. O'dd dim gwlybaniaeth. O'dd dim chwarae-cyn-caru tywyll cyfriniol. O'dd dim tethi caled. O'dd dim cege blasus ond yn fwy na dim o'dd dim ochneidio. Nid y fath o ochneidio wi'n sôn amdano fe ta beth. Hwn o'dd yr allwedd, wi'n gweld 'na nawr; ochneidio o'dd beth na'th yn hudo i yn y pendraw a chreu'n llwyr ddibyniaeth i ar 'neud menywod yn hapus.

Pan o'n i'n ferch fach o'n i'n arfer chwerthin wrth

weld menywod yn caru mewn ffilmie, yn neud y syne rhyfedd *orgasmic* ochneidiol 'na. O'n i'n od o *hysterical*. O'n i ffili credu bod syne mawr gwyllt, digon i ddychryn y saint yn gallu jest dod mas o fenywod.

O'n i'n ysu i ochneidio. O'n i'n ymarfer o fla'n y drych, ar recordydd tâp, ochneidio mewn cyweirnode amrywiol, goslefe amrywiol, ambell waith gyda mynegiant tawedog bron wedi atal yn llwyr. Ond bob tro pan o'n i'n ware fe nôl o'dd e'n swno'n ffals. O'dd e heb ei wreiddio mewn unrhywbeth rhywiol go iawn, dim ond yn yr ysfa i fod yn rhywiol.

Ond wedyn pan o'n i'n ddeg o'n i'n despret i fynd i'r tŷ bach. Ar daith mewn car. Barodd e' bron i awr, a pam es i i'r tŷ bach yn y diwedd yn yr orsaf betrol fach frwnt 'ma, o'dd e mor gyffrous o'n i'n ochneidio. O'n i'n methu credu'r peth, fi'n ochneidio mewn gorsaf betrol Texaco rhywle yng nghanol Sir Drefaldwyn. 'Na pryd sylweddolais i bod cysylltiad rhwng ochneidio a pido ca'l beth o chi'n mo'yn yn syth, gyda gohirio pethe.

Sylweddolais i bod yr ochneidie gore'n digwydd heb wbod i chi. Ma' nhw'n dod mas o'r rhan ddirgel guddiedig 'ma ohonoch chi sy'n siarad ei hiaith ei hunan. Sylweddolais i taw ochneidio o'dd yr iaith honno.

Nawr o'n i'n ochneidwraig. O'dd e'n neud rhan fwyaf o ddynion yn bryderus. A gweud y gwir gethon nhw llond twll o ofon. O'dd e'n sŵn uchel a o nhw'n methu canolbwyntio ar beth o'n nhw'n neud. O'n nhw'n colli ffocws. Wedyn o'n nhw'n colli popeth. O'n i'n methu caru yn 'nhai bobol. O'dd y walydd yn rhy dene. Yn y fflatie le o'n i'n byw o'dd 'yn enw i'n fwd a o'dd pobol yn rhythu arno'i'n ddirmygus yn y lifft. O'dd dynion yn meddwl bo fi'n rhy ddwys, o'dd rhai'n gweud bo fi'n wallgo.

Dechreues i deimlo'n wael am ochneidio. Es i'n dawel

a'n boleit. 'Nes i syne mewn i'r glustog. Ddysges i dagu'n ochenaid, dala fe nôl, fel atal trwsian. Dechreuais i ga'l penne tost a anhwyldere'n gysylltiedig â bod o dan bwyse. O'n i'n dechre anobeithio pan nes i ddarganfod menywod.

Nes i ddarganfod bod rhan fwyaf o fenywod yn caru'n ochneidio i, ond yn bwysicach, 'nes i ddarganfod gymaint o'n i'n cyffroi pan o'dd menywod eraill yn ochneidio. Dyfodd e'n obsesiwn.

Darganfod yr allwedd, agor ceg y shinani, rhyddhau'r llaish 'ma, y gân wyllt.

Nes i garu menywod tawel a ffindiais i'r lle 'ma tu fewn iddyn nhw a gethon nhw sioc wrth glywed eu hunain yn ochneidio. Garais i rai o'dd *yn* ochneidio a fe ffindon nhw ochenaid ddyfnach, fwy treiddgar, O'n i wedi gwirioni. O'n i'n ysu i neud i fenywod ochneidio, i reoli fel arweinydd seindorf neu gerddorfa.

O'dd e fel llawdriniaeth, math o wyddoniaeth delicet, darganfod y tempo, yr union leoliad ne gartre'r ochenaid. Na beth o'n i'n i alw e'.

Ambellwaith o'n i'n ffindo fe drw jîns y fenyw, ambellwaith o'n i'n cripad lan ato fe, yn answyddogol, yn diarfogi pob larwm yn dawel fach a symud mewn. Ambellwaith o'n i'n defnyddio grym, ond nid grym treisgar gormesol, mwy fel arglwyddiaethu. Y "Dwi'n mynd i fynd â ti rhywle, paid â becso, gorwedda nôl a mwynha'r trip," math o rym.

Ambellwaith o'dd e'n gwbwl gyffredin. O'n i'n dod o hyd i'r ochenaid cyn bo' pethe wedi dechre hyd yn oed, pan o'n i'n byta salad ne ffowlyn yn ddidaro jest fan'na, 'da 'mysedd i, "Dyma fe fel'na," yn hollol syml, yn y gegin, wedi cymysgu mewn i gyd da'r finegr balsamig. Ambellwaith o'n i'n defnyddio props – o'n i'n dwli ar brops – ambellwaith o'n i'n neud i'r fenyw i ffindo'i ochenaid ei hunan o mla'n i. O'n i'n aros, dyfalbarhau sbo 'i'n agor ei hunan.

Do'dd ochenaid fach ddibwys, amlwg ddim yn 'y nhwyllo i. Na, o'n i'n gwthio hi mhellach, nes iddi gyrraedd ei ochenaid pwerus.

Ma 'na ochenaid clit. *(Sŵn meddal yn y ceg.)* Ochenaid shinanaidd. *(Sŵn dwfn yn y gwddf.)* Yr ochenaid combo clit-shinanaidd. Mae'r cyn-ochenaid. *(Awgrym o sŵn.)* Yr ochenaid bron yna. *(Sŵn cylchynu.)* Yr ochenaid reit arno fe. *(Sŵn dyfnach mwy pendant.)* Yr ochenaid cain. *(Sŵn chwerthin soffistigedig.)* Ochenaid Rhiannon Tomos. *(Sŵn cras canu roc a rôl.)* Yr ochenaid dosbarth canol Seisnig, *(Dim sŵn.)* Yr ochenaid lled-grefyddol. *(Iesu Grist!)* Yr ochenaid pen-mynydd. *(Sŵn iodlo)* Yr ochenaid sŵn ci. *(Pantio.)* Ochenaid ddeheuol. *(Ie! Ie!)* Ochenaid Ogleddol. *(Ia! Ia!)* Yr ochenaid filiwraethus ddeurywiol heb ei ffrwyno. *(Sŵn pwno dwfn ymosodol.)* Yr ochenaid mashîn-gun, yr ochenaid Zen arteithiedig. *(Sŵn llwglyd dir-dynnol.)* Ochenaid diva. *(Nodyn uchel operatig.)* Yr ochenaid orgasm-sy'n troi-bysedd-eich-tra'd, ac yn ola' yr ochenaid orgasm driphlyg ddirybudd!

I SHIVA (I SHINANI)

O'n i 'na yn y 'stafell.

O'n i 'na pan agorodd ei shinani.

O'n ni i gyd 'na: ei mam, ei gŵr a fi,

a'r nyrs o'r Wcrân a'i llaw gyfan

lan'na yn ei shinani'n teimlo a throi gyda'i maneg

ryber tra'n siarad 'da ni'n ddidaro – fel tase hi'n

troi tap llawn mla'n.

O'n i 'na yn y stafell pan na'th hi

gripad ar ei phedwar o achos y po'n

wrth i riddfane anghyfarwydd ddiferi o'i chro'n,

a dal 'na ar ôl orie pan sgrechodd hi'n sydyn wyllt

ei briche'n bwrw'r aer trydanol.

O'n i 'na pan newidodd ei shinani

o fod yn dwll swil rhywiol

i fod yn dwnel archeolegol, yn lestr sanctaidd,

yn gamlas yn Fenis, yn ffynnon ddwfwn gyda phlentyn

bach yn sownd tu fewn.

Yn aros am achubiaeth.

Welais i liwie'r shinani. O'n nhw'n newid.

Welais i'r glas cleisiog toredig

y coch tomato pothellog

y pinc llwyd, y tywyll.

Welais i'r gwâ'd fel 'wys ar yr ochre

welais i'r hylif melynwyn, y cachu, y clotie'n

gwthio'r twlle i gyd ma's, yn gwthio'n galetach

a'n galetach.

Gweld trw'r twll, pen babi,

crafiade o wallt du, gweld e jest fan'na tu ôl

i'r asgwrn – atgof crwn caled,

wrth i'r nyrs o'r Wcrân droi a throi ei llaw slip.

O'n i 'na pan na'th y ddou o ni, ei mam a fi,

ddala bobo go's a'i agor hi'n llydan wrth wthio

'da'n holl nerth yn erbyn ei gwthio hi

a'i gŵr yn cyfri'n llym, "Un, dau, tri.."

yn gweu'thi ganolbwyntio'n galetach.

Edrychon ni mewn wedyn.

O'n i'n ffili ca'l ein llygaid mas o'r lle 'na.

Ni'n anghofio'r shinani, y cwbwl lot ohonon ni.

Beth arall all esbonio'n diffyg parchedig ofn, ein diffyg rhyfeddod?

O'n i 'na pan estynodd y doctor

mewn 'da llwyau Alys yng Ngwlad Hud.

A o'n i 'na wrth iddi shinani dyfu'n

geg llydan yn canu ar dop ei llaish.

Pen bach gynta wedyn y fraich llwyd llipa

wedyn y corff

cloi'n nofio, yn nofio'n gyflym

i'n breichie sy'n crio.

O'n i 'na nes mla'n pan nes i jest troi a gwynebu ei shinani.

Nes i sefyll a gadael i'n hunan ei gweld

hi ar agor i gyd, yn hollol ddiamddiffyn.

Wedi llurgunio, wedi chwyddo, wedi llarpio,

Yn gwaedu dros ddwylo'r doctor

o'dd yn gwinio hi fan'na'n ddidaro.

O'n i'n sefyll, a wrth i fi syllu, yn sydyn trodd

ei shinani'n galon goch lydan yn curo.

Menyw 3 Gall y galon aberthu

felly hefyd y shinani

Menyw 2	Gall y galon fadde a gwella,
	Gall newid ei siâp i adel ni mewn,
	Gall ehangu i adel ni ma's.
	Felly hefyd y shinani.
Menyw 1	O'n i 'na yn y 'stafell.
	Dw i'n cofio.

www.melinbapur.cymru

Dilynwch ni ar:

X (@melinbapur)
Facebook (@melinbapur

www.ingramcontent.com/pod-product-compliance
Lightning Source LLC
Chambersburg PA
CBHW050612100526
44584CB00038B/3038